Leichtes und ausgewogenes Muskeltraining

Übung 1: **Kniebeuge**

Übung 2: **Flieger**

Übung 3: **Vierfüßler-Stütz**

Übung 4: **Liegestütz**

Die Heilkraft des Sports

Für Monika,
Ski Heil
+
Viel Spaß!
Rosi Mittermaier
[illegible]

15-08-08

Rosi Mittermaier
Christian Neureuther

Die Heilkraft des Sports

Mit Spaß und Freude mehr Gesundheit

Unter Mitarbeit des Sportmediziners
Dr. Bernd Wolfarth

nymphenburger

Redaktionelle Mitarbeit: Christof Baur, Bernd Thurner
Lektorat: Sabine Jaenicke
Umschlag- und Innengestaltung: Atelier Sanna, München
Fotos innen und außen: Norbert Hellinger, München
Fotos S. 46 und S. 80 getty images, München
Fotos S. 43, S. 54, S. 83, S. 109 Christian Neureuther, Rosi Mittermaier
Satz und Layout: Grafikdesign Storch, München
Gesetzt aus 9,5/13,5 pt Meta Plus
Druck und Binden: Offizin Andersen Nexö, Leipzig
Printed in Germany
ISBN 978-3-485-01129-7

www.nymphenburger-verlag.de

Inhalt

Teil 3
Mit Sport gesund werden

So fit sind Sie wirklich!

Mit Spaß und Freude mehr Gesundheit

Wir sind Kinder der Bewegung. Wir hatten das Glück, in den Bergen groß werden zu dürfen, und wir hatten das Glück, in Familien hineingeboren zu werden, in denen Bewegung und Natur den Lebensstil prägten. Das machte und macht uns fröhlich und stark und verbindet uns bis heute. Wir sind unseren Eltern dankbar, dass sie so viel Zeit für uns hatten, uns in das Abenteuerland »Natur« mitgenommen und uns somit eine bewegungsfrohe Kindheit geschenkt haben. Bewegung wurde für uns zur Normalität – zu einem Grundbedürfnis. »Leben heißt bewegen«, körperlich wie geistig. Bewegen ist so notwendig wie Essen und Trinken und aus diesem Grund gibt es bei uns kaum Tage, an denen wir es nicht zum »Sportln« schaffen. Wehe, wenn es dann mal länger nicht klappt, dann meldet sich gleich dieses »Da-fehlt-doch-was-Gefühl«, wir werden unzufrieden, aggressiv und können gar nicht anders, als raus an die frische Luft zu gehen und Lebensfreude aufzutanken.

Für den menschlichen Organismus ist Bewegung lebensnotwendig. Unser Lebensumfeld wird zwar scheinbar immer moderner, aber der moderne Mensch ist genetisch immer noch auf das Leben als Sammler und Jäger programmiert … Auf eins ist das Erfolgsmodell Homo sapiens gar nicht eingestellt: Bewegungsarmut.

Neueste wissenschaftliche Studien verdeutlichen die Zusammenhänge von Bewegung und Gesundheit. Ihre Veröffentlichung verstärkten unser Bedürfnis, unsere Freude und die Erkenntnisse über Sport und Bewegung weiterzugeben. So ist dieses Buch entstanden, weil es für uns nichts Schöneres gibt, als Menschen in unsere Welt mitzunehmen und sie dafür zu begeistern.

Wir freuen uns sehr, dass Dr. Bernd Wolfarth als Arzt die medizinischen Fakten liefert zu dem, was wir aus Erfahrung und aus unserer Beschäftigung mit dem Sport kennen. Wir erfahren es an uns selbst und wissen aus vielen Erlebnissen, wie gut der Sport tut.

Dr. Wolfarth begründet dies anhand wissenschaftlicher Studien. Sie zeigen, dass Sport nicht nur gesund hält, sondern dass auch Menschen, die bereits krank sind, ihr Wohlbefinden und ihre Gesundheit durch sportliche Aktivitäten deutlich verbessern können. Es ist nie zu spät, auch ein sportlich inaktiver Älterer kann seine biologische Uhr mit vernünftigem Ausdauertraining um Jahre zurückdrehen. Wenn das keine Motivation ist!

Gemeinsam haben wir ein Trainingsprogramm entwickelt, das alle wichtigen Körperfunktionen stärkt. Egal, wie alt Sie sind, das Leben bietet so viele Mög-

lichkeiten, aktiv zu sein und Schwung in den Alltag zu bringen. Eine schöne Wanderung ist schon ein wunderbarer Anfang, eine sportliche Radltour sicherlich Balsam für Körper und Seele. Fangen Sie einfach an, mit irgendetwas, das Ihnen Freude macht, Hauptsache, Sie bewegen sich! Machen Sie den ersten Schritt, seien Sie Vorbild für Ihre Kinder, Ihre Familie oder Ihre Freunde, tun Sie sich selbst etwas Gutes – es ist einfach nur wunderschön, sich zu bewegen.
Nun wünschen wir Ihnen viel Spaß und Freude mit all den Anregungen in diesem Buch und vor allem bei den Aktivitäten, die daraus erwachsen.

Ihre

Die Heilkraft der Bewegung

Die Bedeutung von Bewegung und körperlicher Aktivität ist für das persönliche Wohlbefinden unumstritten. Wissenschaftliche Studien zeigen die konkreten Zusammenhänge zwischen Sport und Gesundheit auf. Die neuesten Forschungsergebnisse sind vielversprechend und verdeutlichen die Heilkraft der Bewegung. Auf der Basis dieser Befunde muss die enorme Bedeutung der Bewegung für unseren Organismus stärker in unser Gesundheitsbewusstsein rücken. Aus heutiger medizinischer Sicht ist Bewegung eine entscheidende Grundlage der Gesundheit und nicht nur eine »Zugabe« für eine gesunde Lebensweise. Unsere Körperfunktionen werden durch ein aktives Bewegungsverhalten im wahrsten Sinne des Wortes am Laufen gehalten.

30 Minuten Bewegung: Nehmen Sie täglich eine Einheit!

So könnte schon bald die Verordnung auf Ihrem Rezept lauten, denkt man die Erkenntnisse neuester Studien konsequent zu Ende, die sich mit der therapeutischen Wirkung des Sports beschäftigen. Moderne Krebs- und Demenzforscher, Kardiologen, Psychiater sowie Orthopäden haben erkannt, dass gezielte Bewegung Krankheiten nicht nur verhindern kann, sondern auch heilende Wirkung auf zahlreiche Krankheitsbilder hat. Der Mensch kann also auch dann profitieren, wenn er bereits krank ist. Der klassische Rat zu anhaltender Schonung und Bettruhe hat in vielen Fällen fatale Folgen und kann zu einer Verschlechterung der Erkrankung führen.

Der erste Schritt in eine gesunde Zukunft ist das Wissen, warum Sie sich fit halten müssen. Der entscheidende zweite Schritt ist der Weg, wie Sie sich bewegen sollten. Beides erfahren Sie in diesem Buch.

»Manchmal ist es gut, wenn jemand einen bei der Hand nimmt.« Diese Aussage stammt von Christian Neureuther, der Sie zusammen mit seiner Frau Rosi Mittermaier sportlich in diesem Buch »an die Hand nehmen wird«. Uns dreien ist es ein großes Anliegen, dass die Menschen sich wieder mehr bewegen. Nicht nur, weil es gesund ist, sondern auch, weil es Spaß und Freude macht. Diese Freude möchten wir an Sie weitergeben und Sie damit in eine aktive und gesunde Zukunft begleiten.

1

Sport ist gesund

Bringen Sie Bewegung in Ihr Leben

Unser Körper ist auf Bewegung programmiert, die Steinzeitgene dominieren nach wie vor unsere Physis. Stellt man sich die gesamte Menschheitsgeschichte als einen 24-Stunden-Tag vor, dann war der Mensch bis kurz vor Mitternacht ein Jäger und Sammler. Der Mann legte auf der Suche nach Nahrung täglich etwa 20 bis 25 km zurück, Frauen 10 bis 12 km. Der Mensch des 21. Jahrhunderts schafft es, seine »Versorgung« bereits mit 2 bis 4 km zu sichern. Wir sind im wahrsten Sinne des Wortes »sesshaft« geworden. Bis zu 80.000 Stunden sitzt der moderne Mensch während seines Arbeitslebens. Durch technischen Fortschritt sind wir in der Lage, unseren körperlichen Einsatz in Beruf und Alltag maximal zu reduzieren. Aktivität findet fast ausschließlich in unseren Köpfen statt. Der natürliche Rhythmus aus Bewegung–Hungern–Sattsein–Entspannung ist dadurch empfindlich gestört. Ein bequemer und bewegungsarmer Lebensstil hemmt unseren Stoffwechsel und bringt lebensnotwendige biochemische Abläufe drastisch ins Stocken. Leider ist unser Organismus nicht in der Lage, seine über Jahrtausende entwickelten Gene von einer Sekunde auf die andere an den modernen Alltag anzupassen. Die Folge: Der Körper und seine Zellen befinden sich in einem kritischen Ausnahmezustand, aus dem zahlreiche Zivilisationskrankheiten entstehen. Zwar meinen 60 % der Erwachsenen, sie seien sportlich aktiv, in Wirklichkeit erreichen aber nur 10 bis 20 % den Bewegungsgrad, der der Gesundheit hilft.

Folgen Sie dem Ruf Ihrer »Steinzeitgene«. Halten Sie Ihren Körper am Laufen und bewegen Sie sich so oft wie möglich. Ein aktiver Lebensstil bringt Ihren Organismus in Schwung und versorgt Organe und Gewebe optimal.

Kinder brauchen Bewegung

ROSI Kinder haben einen angeborenen Bewegungsdrang. Eine gehörige Portion Neugierde und ein ausgeprägter Spieltrieb hält sie von klein an auf Trab und in Bewegung. Schon ein Baby drückt sich durch Strampeln aus, noch bevor es Worte formen kann. Kinder lernen schnell, die eigenen Kräfte zu erproben und heikle Situationen zu bewältigen. Durch diesen Bewegungsdrang wird die Motorik so geschult, dass Alltagsbewegungen und Sport ein Leben lang leichtfallen bzw. Spaß machen, außerdem sorgen sie dafür, dass man gesund durchs Leben kommt. Aber bei der Motorik gilt die gleiche Regel wie beim Lesen, Rechnen oder Musizieren: »Was ich nicht trainiere, kann ich nicht!«

Toben, Klettern, Balancieren sind Bausteine für die Gesundheit unserer Kinder. Kinder nehmen die Welt viel weniger mit dem Kopf als mit dem Geist auf, daher ist die geistige und seelische Entwicklung in den ersten Lebensjahren eng mit Sinnes- und Bewegungserlebnissen verbunden. Kinder, die sich so entwickeln dürfen, sind Kinder im Gleichgewicht – im doppelten Wortsinn: körperlich und geistig. Viele Kinder mit trägem Lebensstil spüren, dass ihnen etwas fehlt, das sie stark und fröhlich machen könnte. Die Heranwachsenden sind auf der Suche nach Spiel, Leistung und Wettbewerb. Im Sport können sie ihre eigenen Grenzen erleben, Konflikte austragen und durch

die Auseinandersetzung in der Gruppe eine der wichtigsten Grundsätze des menschlichen Zusammenlebens lernen: **FAIR PLAY**.

Jedes Kind hat seine eigenen besonderen Bewegungstalente. Entscheidend ist es, sie zu erkennen, Bewegungsfreiheiten zu geben und die Kinder möglichst viel ausprobieren zu lassen. Erkennen Sie die Talente Ihrer Kinder und bestärken und fördern Sie diese. Nicht Ihre Vorstellung von der Sportart des Kindes ist wichtig, sondern der Sport, bei dem Ihr Kind Spaß und Entwicklungspotenzial hat. Dadurch schaffen Sie Erfolgserlebnisse und »Lob«: Nichts ist für die psychische Entwicklung eines Kindes wichtiger. Als Antitalent für Ballsportarten darf ich mir die Frustration gar nicht vorstellen, wenn ich dort gefördert worden wäre. Weltweit haben wir in Deutschland wahrscheinlich das beste Sportvereinsangebot, schicken Sie Ihre Kinder dorthin. Achten Sie schon im Kindergarten auf bewegungsorientierte Inhalte, schicken Sie Ihre Kinder in »bewegte Schulen«, wo der Sportunterricht nicht ausfällt ,sondern die Lehrer um dessen Bedeutung wissen.

DR. WOLFARTH Beim Thema Kinder und Sport erzählte mir Christian vom »Totenkopfzeichen«. Diese Auszeichnung bekam in seiner Jugend derjenige, der sich eine Stunde im Schwimmbecken über Wasser hielt, sich vom »Fünfer« springen traute und eine Bahn tauchen konnte – eine respektable Leistung für einen Siebenjährigen. Er war zu Recht auch mächtig stolz auf den Totenkopf-Aufnäher an der Badehose, der großen Eindruck bei den »Nur-Freischwimmern« und schon damals wahrscheinlich auch bei den Mädchen machte. Mit dieser Leistung könnte man sich heute noch weit größeren Respekt verschaffen. Denn die Realität ist ernüchternd: Die Sporttauglichkeit unserer Kinder ist aus medizinischer Sicht beängstigend. Jüngere Untersuchungen machen deutlich, dass ca. ein Drittel der Kinder im Alter von 11 Jahren nicht oder nicht richtig schwimmen können. Der Einbeinstand ist ebenso wie das Rückwärtslaufen bereits für viele eine schier unüberwindbare Herausforderung. Im Vergleich zu Kindern Mitte der Neunziger zeigt die heutige Generation deutliche Fitnessdefizite. Die Fähigkeiten für Kraft, Ausdauer und Koordination liegen im Durchschnitt 20 % unter den Werten von damals. Die Ursachen sind offensichtlich: Der natürliche Bewegungsdrang der Kinder ist gehemmt und viele Kinder leiden unter drastischem Bewegungsmangel, der nicht ohne Folgen bleibt. Am deutlichsten sichtbar wird diese Entwicklung an der Zahl übergewichtiger Kinder und Jugendlicher. Bereits nahezu jeder siebte Schüler im Alter zwischen 7 und 10 Jahren ist nach Angaben der Deutschen Gesellschaft für Ernährung übergewichtig und seit 1980 hat sich damit die Zahl der übergewichtigen Kinder verdoppelt.

Kinder sind die Erwachsenen von morgen. Doch bereits heute leiden zahlreiche dieser Heranwachsenden an Zivilisationskrankheiten wie Bluthochdruck oder Zuckerkrankheit. Ein ständiges Überangebot an Zucker und Fetten schädigt Zellen, Blutgefäße und die Bauchspeicheldrüse. Neben der körperlichen Entwicklung ist der seelische und geistige Nutzen von Bewegung für die Kinder unbestritten. Wir wissen heute, dass das Kleinhirn als Bewegungszentrum auch am Erlernen allgemeiner geistiger Fähigkeiten entscheidend beteiligt ist. Sport darf deshalb auf keinen Fall auf die Streichliste des Schulunterrichts gesetzt werden. Es ist eine elementare gesellschaftliche Verantwortung, Bewegung bei Kindern zu fördern. Kinder sollten nie länger als zwei Stunden inaktiv sein, die unter 12-Jährigen sogar höchstens 60 Minuten! Eine große Herausforderung in Zeiten von MTV und Playstation.

Für alle Altersgruppen gilt: Sport muss Spaß machen.

Die positive Wirkung von Bewegung

Wie wichtig Sport und Bewegung für unsere Gesundheit ist, wissen die meisten Menschen schon seit Jahrzehnten. Eine Pille, die all das bewirkt, was regelmäßige Bewegung kann, wäre unbezahlbar. Jeder Schritt, jede körperliche Aktivität sind ein Gewinn für die physische und psychische Gesundheit. Lernen Sie im Folgenden die Wirksamkeit von Bewegung kennen, die Ihre persönliche Lebensqualität und Vitalität steigert. Sie werden sehen, wie leicht es ist, selbst der Alltag bietet genügend Möglichkeiten, um die nötigen Kalorien für ein gesünderes und längeres Leben zu verbrauchen.

Bewegung...

- hält jung
- schützt vor Krankheiten
- fördert die Intelligenz
- ist aktiver Zellschutz
- macht selbstbewusst
- stärkt die Immunabwehr
- ist Training für die Seele
- hält schlank
- bringt Gesundheit für Knochen, Knorpel und Gelenke

Bewegung hält jung

ROSI Das in Mode gekommene Anti-Aging vermittelt mir oftmals den Eindruck, alt zu werden sei eine Krankheit. Alt werden möchten viele, alt sein dagegen wenige. Allein in Deutschland werden Milliarden von Euro für Cremes, Pillen, Hormone, Frischzellen- und Vitaminkuren ausgegeben.

Persönlich habe ich keine Angst vor dem Älterwerden, die Lebensbahn ist ja vorgezeichnet und unveränderlich. Ich habe auch keine Angst vor Falten, die sind schön und erzählen von den Erfahrungen meines Lebens. Schon als kleines Mädchen war ich fasziniert von den Falten meiner Großmutter und noch heute finde ich es schön, wenn Menschen stolz auf ihr Alter sind. Man sieht und spürt am Äußeren die innere Harmonie und Lebenserfahrung. Dass die Jahre Spuren hinterlassen, ist das Natürlichste der Welt, es ist die Geschichte des Lebens. Weshalb sollte ich sie wegspritzen?

Mein Lebenswunsch ist, immer dem Alter entsprechend leistungsfähig und gesund zu bleiben. Dazu brauche ich keinen Jugendwahn. Wer wirklich jung bleiben möchte, und das heißt für mich immer »jung für mein Alter«, hat es so einfach, an seiner biologischen Uhr zu drehen: 30 Minuten Ausdauerbewegung an 3 Tagen pro Woche sind ein guter Start für einen grundlegenden Schutz gegen Herzkrankheiten. Dabei brauchen Sie nicht einmal ins Schwitzen zu kommen – zügiges Gehen oder auch Gartenarbeit genügen. Wenn Sie den Umfang auf 3-mal eine Stunde pro Woche steigern, profitiert Ihr gesamter Organismus. So einfach ist es!

DR. WOLFARTH Mediziner beschäftigen sich beim Thema Anti-Aging weniger mit den Äußerlichkeiten wie Falten, schlaffer Haut oder Tränensäcken. Sie beobachten vielmehr messbare physiologische Körperfunktionen, die sich mit den Jahren verändern. Der menschliche Organismus altert biologisch und nicht chronologisch nach dem Kalender. Kalendarisches und biologisches Alter können deutlich voneinander abweichen, denn das »spürbare« Alter wird maßgeblich durch unseren Lebensstil beeinflusst.

Sogenannte Biomarker verraten das tatsächliche biologische Alter. Zu ihnen gehören Kraft, Muskelmasse, Fettanteil, Ausdauerfähigkeit, Blutdruck, Knochendichte, Stoffwechselleistung, Blutzuckertoleranz und die Zusammensetzung der Blutfette.

Negative Veränderungen dieser Messdaten werden oft vorschnell dem Alterungsprozess zugeschrieben. In vielen Fällen sind sie jedoch einfach nur das Resultat von mangelnder Bewegung. Körperliche Aktivität steigert die Vitalität und beeinflusst diese messbaren Größen deutlich. Bereits innerhalb von wenigen Monaten können Stoffwechselprozesse verbessert und die Leistungsfähigkeit enorm gesteigert werden.

Unglaublich!
Im Alter von 81 Jahren entdeckte der Inder Fauja Singh seine Leidenschaft für Langstreckenläufe. Mit 92 Jahren lief er 2003 den London-Marathon in einer Zeit von 6:02:43 Stunden.

Ohne körperliche Aktivität verlieren wir an Vitalität. Wer sich körperlich nicht fordert, baut ab. Bereits ab dem 30. Lebensjahr sinkt bei Inaktivität die Muskelkraft jedes Jahrzehnt um bis zu 5 %. Unser Körper muss sich jedoch nicht an den Kalender halten. Einen 70-Jährigen werden Sie sicherlich als alt bezeichnen. Erfahren Sie, dass er einmal im Jahr einen Marathon läuft, sagen Sie vermutlich: »Der ist aber jung geblieben!« Untersuchungen beweisen: Ein 70-Jähriger kann über die Ausdauer eines 40-Jährigen verfügen, ein trainierter 60-Jähriger kann weit bessere Kraftwerte haben als ein untrainierter 30-Jähriger. Und die Wirkung der Bewegung beschränkt sich nicht nur auf den körperlichen Bereich, sie beeinflusst auch unseren geistigen und seelischen Zustand.

CHRISTIAN Wir sind ja das ganze Jahr über bei Veranstaltungen, wo es um Sport und Bewegung geht. Viele tausend Bewegungsbegeisterte, ob jung oder alt, sind da auf den Beinen. Besonders beeindruckend ist dabei, wie vor allem ältere Menschen durch den Sport ihre Lebensfreude und körperliche Fitness erhalten. Diese Erlebnisse machen Mut und zeigen die vielfältige Bedeutung von körperlicher Aktivität insbesondere im Alter. Ein früh erlerntes Aktivitätsverhalten ist Basis für ein dauerhaft »bewegtes« Leben. Menschen, die in ihrer

Ihr persönlicher Nutzen

- → Schon mäßige körperliche Aktivität und Training wirken altersbedingten Veränderungen entgegen.
- → Sie gewinnen an Vitalität und werden leistungsfähiger.
- → Bewegung beugt vielen Erkrankungen vor, die verstärkt im Alter auftreten.
- → Sie können sich in jedem Alter verbessern. »Dazu bin ich zu alt« zählt nicht.
- → Bewegung belebt nicht nur Ihren Körper, sondern auch Ihren Geist.
- → Sie gewinnen an Lebensfreude und Lebensqualität.

Kindheit Bewegung als etwas Normales und Selbstverständliches kennengelernt haben, bewahren sich diese sportliche Haltung bis ins hohe Alter. Vater Mittermaier lernte zum Beispiel noch im Alter von 76 Jahren mit großer Freude Golf zu spielen. Es ist also nie zu spät, um mit Sport zu beginnen. Selbst wer erst im Alter mit dem Training beginnt, kann sich noch auf den Leistungsstand eines etwa 20 Jahre jüngeren Untrainierten bringen. Gerade auch chronisch Kranke oder Gebrechliche, die meinen, keinen Sport mehr betreiben zu dürfen, müssen aktiv werden und können damit ihren Leidensweg deutlich verbessern.

Bewegung verlängert das Leben

Bewegung ist der Schlüssel für langes und aktives Leben. Die natürliche Lebensspanne ist in unseren Erbanlagen verankert. Ob und wie wir sie ausschöpfen, hängt von den persönlichen Lebensumständen ab. Lange wurde die Lebenserwartung ausschließlich auf »gute« Gene zurückgeführt. Zahlreiche Studien beweisen, dass regelmäßige Bewegung, insbesondere gezieltes Ausdauertraining, die persönliche Lebenserwartung deutlich erhöht.

So verlängert Bewegung das Leben

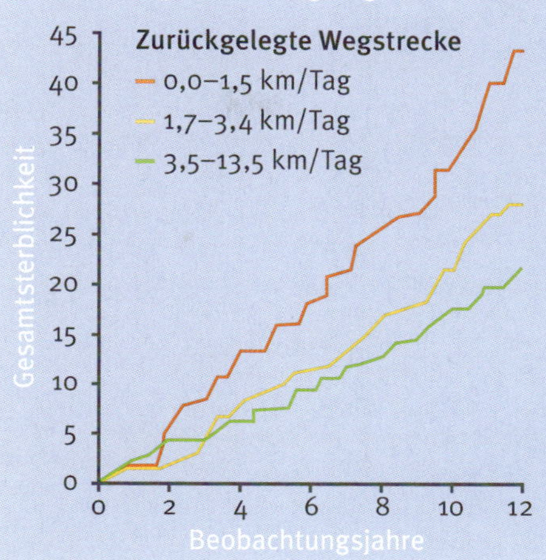

»Jede Minute zählt«

- Im Rahmen eines 5-jährigen Trainings reduzierte sich das Risiko, frühzeitig zu sterben, um bis zu 44 %.
- Jede Minute, welche die Teilnehmer im zweiten Test (nach 5 Jahren) länger auf dem Laufband durchhielten, reduzierte das Risiko um etwa 8 %.
- Ein zusätzlicher Energieverbrauch von 1.500 Kalorien pro Woche durch Bewegung senkt das Sterblichkeitsrisiko um 20 bis 30 %.

Der Fitnesszustand ist ein entscheidender Faktor zur Beurteilung der Lebenserwartung. Anhaltender Bewegungsmangel ist sogar gefährlicher als klassische Risikofaktoren wie Bluthochdruck, Diabetes oder Zigarettenkonsum. Bringen Sie also Schwung in Ihr Leben, es lohnt sich.

Bewegung schützt vor Krankheiten

RÜCKENSCHMERZEN

Einer britischen Studie zufolge ist gezieltes Rückentraining genauso wirksam, aber weniger gefährlich als eine Operation (Versteifung der Wirbel mit Schrauben und Stäben.)

DEPRESSION/DEMENZ

Bewegung verbessert den Austausch von Botenstoffen im Gehirn und kann dadurch Schwermut und Gehirnverkalkung entgegenwirken. Offenbar lässt sie sogar neue Nervenzellen wachsen.

ZUCKERKRANKHEIT

Durch Bewegungsmangel und Überernährung verursachter Diabetes (Typ 2) lässt sich durch bessere Ernährung und sportliche Betätigung umkehren. Der Insulinhaushalt normalisiert sich.

HERZERKRANKUNGEN

Bei arteriosklerotischen Gefäßen, Infarkt und Herzmuskelschwäche kann moderates Training – unter ärztlicher Aufsicht – die Symptome zurückbilden und das Leben verlängern.

KNOCHENDICHTE

Bewegung und Koordinationstraining vermögen weitaus besser vor Knochenbrüchen zu schützen als Osteoporose-Medikamente

BRUSTKREBS

Aus noch ungeklärten Gründen leben Brustkrebserkrankte offenbar länger, wenn sie nach der Diagnosestellung Sport treiben.

STERBLICHKEIT UND GEBRECHLICHKEIT

Körperlich fitte Menschen leben statistisch gesehen länger als träge Zeitgenossen; der biologische Alterungsprozess verzögert sich bei ihnen.

VERSCHLEISS AN GELENKEN

Durch gezielte Kräftigung der Muskeln können die Symptome gelindert werden.

MUSKULATUR

Der durch jahrelange Untätigkeit bewirkte Muskelschwund lässt sich durch moderates Krafttraining selbst bei Neunzigjährigen noch umkehren.

DARMKREBS

Patienten, die nach der Diagnosestellung regelmäßig joggen, haben einer amerikanischen Studie zufolge weniger Rückfälle.

Wie gesund Sport tatsächlich ist, belegen Studienergebnisse, die sich mit den positiven Auswirkungen von Bewegung beschäftigen. Die Ergebnisse sind faszinierend und verdeutlichen deren einzigartige Bedeutung: Körperliche Aktivität und Fitnessniveau sind der beste Schutz vor zahlreichen Zivilisationskrankheiten.

Durch einen aktiven Lebensstil reduziert sich das Erkrankungsrisiko für Bluthochdruck, Fettleibigkeit, Blutzuckererkrankung, Herzinfarkt, Schlaganfall, Osteoporose und sogar einige Krebsarten. Sport und körperliche Tätigkeiten trainieren nicht nur die Muskeln. Die moderne Medizin beweist: Bewegung beeinflusst auch zahlreiche »innere« Vorgänge.

Aktiver Gefäßschutz

Herz-Kreislauf-Erkrankungen zählen zu den häufigsten Beschwerden in unserer modernen Gesellschaft. Die meisten dieser Erkrankungen werden durch Veränderungen der Koronararterien ausgelöst, die unser Herz mit lebensnotwendigem Sauerstoff versorgen. Schädigungen und Verengungen dieser Blutbahnen können zum lebensgefährlichen Herzinfarkt führen. Erfolgt dieser Prozess im Bereich des Gehirns, spricht der Mediziner von einem Apoplex, dem Schlaganfall.

Ursache für Engpässe in den Gefäßen sind Schädigungen der Innenschicht, an denen sich verstärkt Fettpartikel und Eiweiße anlagern können. Rauchen, Bluthochdruck und ein erhöhter Cholesterinspiegel sind die Hauptverantwortlichen für diese Prozesse. Der beste Schutz für gesunde Gefäße ist ein aktiver Lebensstil. Insbesondere ausdauernde Belastungen, wie z.B. Wandern, Walking, Jogging oder Radfahren regulieren den Blutdruck und wirken sich positiv auf den Fettstoffwechsel aus. Dabei wird das schädliche LDL-Cholesterin verringert und gleichzeitig nimmt der Gehalt an »schützendem« HDL-Cholesterin zu.

FAKTEN

Bereits eine tägliche Gehstrecke von 2.500 m zeigt Wirkung auf die koronare Herzerkrankung. In einer Untersuchung an 2.678 Männern im Alter von 71 bis 93 Jahren hatten aktive Senioren, die mehr als 2.500 m am Tag unterwegs waren, ein halb so großes Erkrankungsrisiko wie Personen, die weniger als 400 m pro Tag zurücklegten.

Muskeleinsatz für optimale Stoffwechselaktivität

Ihre Muskulatur ist das größte Stoffwechselorgan des Körpers. Nutzen Sie dieses Kraftwerk für Ihre Gesundheit.

Durch den Stoffwechsel gewinnt die Muskelzelle Energie aus Fetten und Kohlehydraten. Ein hoher Energieverbrauch durch unsere Muskulatur ist der Gradmesser der Wirksamkeit von sportlichen Aktivitäten auf die Gesundheit.

Bewegung hält schlank

Ein schöner Nebeneffekt eines gesteigerten Kalorienumsatzes ist eine schlanke Figur. Das Körpergewicht ist allerdings nicht nur eine Frage des Gefallens, denn zahlreiche Erkrankungen treten verstärkt bei einer erhöhten Fettleibigkeit auf. Wenn es um Ihr Gewicht geht, spielen Energieverbrauch und Energiezufuhr eine entscheidende Rolle. Die Ernährung und die körperliche Aktivität sind also die Schlüsselgrößen im Kampf gegen überschüssige Pfunde.

Umfangreiche Ernährungsstudien belegen, dass die Kalorien- und Fettzufuhr im letzten Vierteljahrhundert eher abnahm, während die Anzahl der Fettleibigen anhaltend steigt. Aktuelle Untersuchungen zeigten, dass zwei Drittel der Männer und die Hälfte der Frauen übergewichtig sind. Offensichtlich liegt das Geheimnis für ein normales Körpergewicht zu großen Teilen in der Bewegung.

Steigern Sie Ihren Energieverbrauch! Die beste Möglichkeit, viel Energie zu verbrennen, sind ausdauernde Belastungen mit viel Muskeleinsatz, wie z. B. Walking, Nordic Walking, Jogging oder Radfahren. Ein zusätzliches regelmäßiges Krafttraining bringt Ihnen auf lange Sicht weitere Vorteile: Eine höhere Muskelmasse steigert zusätzlich Ihren Energieumsatz, nicht nur unter Belastung, sondern auch in Ruhe.

Aktivität beugt Zuckerkrankheiten vor

Ein gesteigerter Stoffwechsel und ein erhöhter Energieverbrauch wirkt nicht nur auf Ihr Körpergewicht. Durch Bewegungsmangel verschlechtert sich der Zuckerstoffwechsel, weil wir viel Zucker mit der Nahrung aufnehmen, aber durch Inaktivität zu wenig Zucker verbrennen. Inaktive Muskeln sind in Zeiten von Autofahren und Kartoffelchips nicht mehr in der Lage, dem Blutstrom den Energieträger Traubenzucker (Glucose) in ausreichendem Ausmaß zu entziehen. Dabei gilt: Je höher die körperliche Aktivität, desto weniger häufig tritt eine Blutzuckerkrankheit auf.

FAKTEN

Ein zusätzlicher Energieverbrauch von ungefähr 2.000 kcal pro Woche senkt das Risiko, an der sogenannten Alterszuckerkrankheit (Diabetes mellitus Typ 2) zu erkranken um 40 % im Vergleich zu inaktiven Personen.

Durch regelmäßige Ausdauerbelastungen steigert der Körper seine Insulinempfindlichkeit. Dieses Hormon sorgt unter anderem dafür, dass Traubenzucker aus dem Blut in die Muskelzellen transportiert werden kann. Ist dieser Mechanismus gestört, kommt es dort zu einem Energiemangel verbunden mit Müdigkeit und Muskelschwäche.

Training für Knochen, Knorpel und Gelenke

Nicht nur Muskeln benötigen Bewegung, unser gesamter Bewegungsapparat ist auf Aktivität angewiesen. Eine Ruhigstellung beispielsweise durch einen Gips lässt nicht nur unsere Muskeln schrumpfen, sondern wirkt sich bei längerem Stillstand auch auf unsere Knochen- und Knorpelstruktur aus. Durch Entlastung und fehlende Beanspruchung verliert unser Skelett an Festigkeit. Kraft- und

Ausdauerbelastungen hingegen wirken sich positiv auf die Knochendichte und damit auf das Osteoporoserisiko aus. Wenn Sie aktiv sind, bauen Sie eine optimale Struktur auf und wirken effektiv dem Knochenabbau im Alter entgegen.

FAKTEN

Sportliche Senioren im Alter zwischen 50 und 72 Jahren zeigen eine 40 % höhere Knochendichte am ersten Lendenwirbelkörper als ihre inaktiven Alterskollegen. Die Osteoporose-Formel lautet: Starker Muskel = starker Knochen!

Ihr Körper ist für natürliche Bewegungen wie z. B. Gehen und Laufen durch die Evolution optimal ausgerüstet. Ihre Gelenkknorpel werden bei jedem Schritt durch Be- und Entlastung mit Nährstoffen versorgt und passen sich durch regelmäßiges Training der Belastung an. Auch schon geschädigte Knorpel brauchen sinnvolle und sanfte Be- und Entlastung, um nicht weiter abzubauen. Ein erhöhtes Arthroserisiko tritt nur dann auf, wenn die individuellen Grenzen überschritten werden. So ist Übergewicht ein Risikofaktor für tragende Gelenke, wie beispielsweise Knie- und Hüftgelenke. Bereits 5 kg mehr auf den Rippen kann das Arthroserisiko um bis zu 50 % erhöhen. Deshalb ist es besonders wichtig, Ihre gelenkstützenden Muskeln zu trainieren, Pfunde zu verlieren und die richtige Sportart zu wählen. Stark übergewichtige Personen profitieren von Disziplinen wie z. B. Radfahren oder Schwimmen, also gelenkschonenden Sportarten, bei denen das eigene Körpergewicht eine geringere Belastung darstellt als z.B. beim Joggen.

Bewegung stärkt die Immunabwehr

Moderater Ausdauersport aktiviert im Körper Abwehrzellen, sogenannte natürliche Killerzellen, die ähnlich wie in einem Computerspiel unerwünschte Eindringlinge wie Bakterien und Viren aus dem Weg räumen können. Die Anzahl dieser Zellen kann durch gezielte körperliche Aktivität erhöht und die Anfälligkeit für Infekte reduziert werden.

Ein weiterer »Feind« unseres Organismus sind sogenannte freie Radikale. Diese hochreaktiven Stoffe können körpereigene Strukturen schädigen. Sie fördern die Entwicklung von Krankheiten wie Tumoren und beschleunigen Alterungsprozesse. Die stoffwechselaktiven Organe wie Muskulatur, Leber und Herz verfügen jedoch über wirksame Mechanismen, um diese freien Radikale zu neutralisieren.

Dieser lebensnotwendige Ablauf wird durch regelmäßige Muskelaktivität gestärkt und verbessert.

Es gibt zahlreiche Hinweise, dass diese körpereigenen Abwehrsysteme sogar das Krebsrisiko vermindern können. Die eindeutigste Studienlage bezüglich der Wirksamkeit findet sich bei Dickdarm- und Brustkrebs.

Nicht nur bei schweren Krankheiten zeigt die regelmäßige Dosis an Bewegung spürbare Wirkung. Infekte und Erkältungen

FAKTEN

Regelmäßige Bewegung senkt das Dickdarmkrebsrisiko um 30 bis 40 %, körperlich aktive Frauen haben gegenüber Inaktiven ein um 20 bis 30 % niedrigeres Risiko, an Brustkrebs zu erkranken.

sind in der Regel nicht bedrohlich, aber schlichtweg lästig. Zwei Infekte im Jahr sind Durchschnitt und gelten als normal. Fühlen Sie sich seit Jahren »kerngesund« und haben sich schon lange keinen Schnupfen mehr eingefangen, spricht das für ein gutes Immunsystem. Unser Immunsystem ist allerdings durchaus störanfällig. Die Ernährung, die Darmflora, die psychische Verfassung und der allgemeine Fitnesszustand beeinflussen seine optimale Funktionsfähigkeit.

Schlittern Sie in letzter Zeit von einer Erkältung in die nächste, fehlt Ihrem Immunsystem vielleicht eine regelmäßige Dosis Bewegung. Überwinden Sie Ihren inneren Schweinehund und wagen Sie sich auch mal bei schlechterem Wetter vor die Tür.

GESUNDHEITSTIPP

Moderates und regelmäßiges Ausdauertraining stärkt das Immunsystem. Ein Trainingsumfang von 2 bis 4 Stunden in der Woche, verteilt auf 3 bis 6 Einheiten, unterstützt ideal die Abwehrkräfte.

WARNUNG:
Der Segen des Ausdauertrainings schlägt schnell in Schaden um, wenn man es übertreibt.

Bewegung hilft der Seele

Durch körperliche Aktivität werden nicht nur Muskeln kontrahiert und Blut durch Ihre Adern gepumpt, sondern auch Ihre Seele bewegt. Eine Reihe von Untersuchungen zeigt die erstaunlich positive Wirkung der Bewegung auf die psychische Gesundheit.

FAKTEN

Eine Studie der Berliner Charité zeigt, dass bereits eine halbe Stunde Walking pro Tag einen deutlichen Effekt bei Patienten mit einer starken Depression hat. Die subjektive Verbesserung tritt bereits nach 10 Tagen regelmäßigen Trainings ein, während Medikamente oft erst nach 3 Wochen wirken.

Regelmäßige körperliche Aktivität z.B. durch Walking oder Radfahren führt zu einer Abnahme von Spannungs- und Angstzuständen, Depression, Müdigkeit sowie zu einer gesteigerten Vitalität.

Die Bewegung in der Natur an der frischen Luft stimuliert zusätzlich.

Doping der Gefühle

Leider kennen viele Menschen nicht mehr dieses unbeschreibliche, berauschende Glücksgefühl während und nach einer sportlichen Herausforderung. Nach dem Sport ist man vielleicht etwas erschöpft und verschwitzt, fast immer jedoch glücklich. Ein inneres, seelisches Gleichgewicht durchflutet den Körper, Alltag und Sorgen rücken in den Hintergrund.

Neurobiologen forschen nach den Ursachen für die stimmungsaufhellende Wirkung des Sports. Durch Laufen, Walking oder Radfahren wird die Bildung von Serotonin angeregt. Dieser Botenstoff überträgt Signale zwischen den Gehirnzellen, eine Wirkung, die bei Medikamenten gegen Depressionen genutzt wird. Sport bewahrt auf natürliche Weise die Psyche vor Verstimmungen und kann die Seele besser ins Gleichgewicht bringen als Medikamente.

FAKTEN

In einer amerikanischen Untersuchung konnte gezeigt werden, dass junge Frauen die sich regelmäßig bewegen, wesentlich seltener Depressionen entwickeln als inaktive Frauen gleichen Alters.

Auch bei bereits eingetretener Krankheit können Erfolge erzielt werden, die mit therapeutischen Maßnahmen vergleichbar sind. Der erhöhte Serotoninspiegel ist zudem ein guter Schutz gegen Panikattacken. Diese treten häufig in Zusammenhang mit einem Mangel an Serotonin auf. 3- bis 4-mal pro Woche sanfter Sport kann ähnliche Effekte erzielen wie Medikamente bzw. die Medikamentenwirkung noch positiv verstärken. Bewegung wird so zur Medizin, man braucht davon jeden Tag nur eine Dosis von 30 Minuten.

Die Glückshormone – lernen Sie fliegen

Eine weitere Quelle der Seligkeit sind die als Glückshormone bekannten Endorphine. Aktive Menschen haben im Blut höhere Endorphinkonzentrationen als inaktive. Diese körpereigenen Opiate werden unmittelbar bei intensiven oder anhaltenden Belastungen von den Nervenzellen ausgeschüttet und wirken bis zu 3 Stunden nach. Das ausgelöste Hochgefühl lässt Schmerzen schwinden und Sie können scheinbar ohne Anstrengung nur so »dahinfliegen«.

Bewegung macht selbstbewusst

Sport beeinflusst nachhaltig unser Selbstbild. Dieser überdauernde Effekt körperlicher Aktivität sorgt für psychische Stabilität und dient als Schutz vor psychosomatischen Erkrankungen. Über Bewegung erleben Sie unmittelbare Erfolge. Wenn Sie beginnen, sich regelmäßig zu bewegen, werden Sie sich rasch in Ihrer Leistungsfähigkeit verbessern. Jede Trainingseinheit bringt Sie ein kleines Stück voran und Sie werden für Ihre Zeit und Anstrengung belohnt. Nach einer Bewegungseinheit fühlen Sie sich, als ob man Ihnen gerade einen Pokal überreicht hätte. Dieser Erfolg wird Sie weiter motivieren und Ihr Selbstkonzept stärken. Psychologen sehen in diesem Wirkmechanismus eine große Chance vor allem für Kinder und Jugendliche, ihr Selbstwertgefühl dauerhaft zu stärken und sie zu selbstbewussten Menschen zu machen.

Ein aktives Stressmanagement

Unser Gehirn hat sich in den vergangenen Jahrtausenden weiterentwickelt, aber mit ständigem Termin- und Leistungsdruck hat es immer noch seine liebe Not. Zeitdruck, Lärm, Über- oder Unterforderung im Beruf, Geldsorgen, familiäre oder Partnerschaftsprobleme, die Liste der modernen Stressquellen ist endlos. Was wir heute als unangenehm erleben, ist aus Sicht der Evolution eine notwendige Überlebensstrategie. Stress ist zunächst eine Art Zündfunke, der unseren Körper in Alarmbereitschaft versetzt. Das Gehirn gibt den Befehl, die Hormone Adrenalin und Noradrenalin ins Blut zu schicken. Diese beschleunigen die Atmung, den Herzschlag und erhöhen den Blutdruck und die Muskelspannung. Dieser Stress kann leistungsfördernd sein und aktiviert unsere Körperfunktionen. Wenn dieser Zustand allerdings nicht mehr nachlässt und lange anhält, kommt es über kurz oder lang zu Überlastungen und gesundheitlichen Problemen.

Körperliche Aktivität und Bewegung sind notwendig, um Stresshormone aktiv abzubauen und den Körper in seinen Normalzustand zurückzuführen. Zusätzlich steigern Sie durch regelmäßiges Training kontinuierlich Ihre Leistungsfähigkeit und werden dadurch belastbarer und stressresistenter.

Nach einem stressigen Tag voller Termine oder nach langen Autofahrten gibt es für uns nur noch eines: Raus an die frische Luft, bewegen und abschalten. Wir lieben die sanften, rhythmischen Bewegungen des Walkings oder Joggings und kommen so zur Ruhe. Nirgendwo kann ich dann kreativer denken als in diesem »schwebenden Zustand«. Das körperliche und seelische Gleichgewicht ist danach wiederhergestellt.

Bewegung macht intelligent

Forscher haben im Gehirn einen Jungbrunnen entdeckt. Geistige und auch körperliche Aktivitäten lassen neue Nervenzellen sprießen und sorgen für geistige Fitness bis ins hohe Alter. Kommt diese Neuronen-Produktion zum Stillstand, drohen Demenz und Alzheimer. Mit diesen Ergebnissen neuester Untersuchungen kommen bisherige Theorien, nach denen die Entwicklung des Gehirns bereits im Säuglingsalter abgeschlossen sei und sich im Alter zurückbilde, stark ins Wanken. Entgegen früheren Ansichten ist die Entwicklung unseres Verstands nicht allein eine Sache der Gene. Wie sagt der amerikanische Wissenschaftler Charles Hillman: »Um das Gehirn füllen zu können, sollten Kinder genauso viel Zeit auf dem Sportplatz wie in den Bibliotheken verbringen.« Die persönliche Lebensführung beeinflusst entscheidend die Bildung neuer Nervenzellen. Ähnlich wie die Muskeln Bewegung und Anstrengung benötigen, um zu wachsen, müssen wir unseren grauen Zellen die nötigen Herausforderungen bieten. Wer ein aktives Leben führt, schützt sein Gehirn vor Abbauprozessen im Alter.

INFO

Forscher der Universität Illinois haben die Zelldichte in der Großhirnrinde des Gehirns bei älteren Menschen untersucht. Bei den Teilnehmern war der altersbedingte Zellabbau unterschiedlich stark ausgeprägt. Es zeigte sich eine direkte Abhängigkeit von der körperlichen Fitness. Je belastbarer ihr Herz-Kreislauf-System war, desto höher war die Zelldichte.

Ein weiteres Plus für die Leistungsfähigkeit unseres Gehirns ist eine erhöhte Sauerstoffaufnahme durch den Sport. Diese steigt bei Ausdauerbelastungen an und verbessert dadurch unser Gedächtnis und das logische Denkvermögen.
In diesem Sinne: Viel Spaß beim »Gehirnjogging«!

Bewegungsstrategien für den Alltag

Bewegung ist nicht nur auf Sport beschränkt. Auch in unserem Alltag bietet sich eine Vielzahl von Möglichkeiten, aktiv zu sein. Aktivitäten während der Hausarbeit, im Beruf oder unsere täglichen Gehstrecken wirken sich nachweislich auf unsere Gesundheit aus. Jeder Mensch profitiert also in hohem Maße von seinen »Strategien des Alltags«. Ihrem Einfallsreichtum sind da keine Grenzen gesetzt. Vielleicht erledigen Sie den nächsten Hausputz unter dem Motto: Putz dich fit! Oder Sie verzichten aufs Auto beim Einkaufen und fahren lieber mit dem Fahrrad?

Mehr als 60 % der Menschen verbringen ihre Freizeit am liebsten auf dem Sofa. Bequemlichkeit und Komfort dominieren so sehr unser Leben, dass viele schon gar nicht mehr in der Lage sind, 10 Minuten am Stück zu joggen oder ohne Pause in den vierten Stock zu gelangen. Schätzungsweise 7 von 10 Erwachsenen bewegen sich nicht ausreichend, um sich vor Krankheiten zu schützen und ihre Gesundheit zu erhalten. Dabei ist es erwiesen, dass gerade dann Bewegung dem Körper guttut, wenn man ihn nicht überfordert. Schon regelmäßiges und zügiges Gehen schafft größten Nutzen.

Alltagsfitness

10.000 Schritte am Tag verbrennen zusätzlich bis zu 2.000 kcal pro Woche und können dadurch das Risiko einer koronaren Herzerkrankung reduzieren, das Risiko von Schlaganfall und Diabetes deutlich vermindern, den Blutdruck und das Gewicht senken.

Im Schnitt liegt das Laufpensum der Bundesbürger bei schlappen 1.000 Schritten. Die nette Dame an der Hotelrezeption schafft 1.200 Schritte, der dynamische Manager kommt auf 3.000 und die Verkäuferin im Kaufhaus auf etwa 5.000 Schritte. Klar im Alltagssoll liegen nach Statistik des Gesundheitsministeriums die geschäftige Hausfrau und der Postbote, der es auf bis zu 18.000 Schritte bringt. Wie »läuft`s« bei Ihnen?

TIPP

Lassen Sie den Fahrstuhl links liegen und gehen Sie möglichst viel zu Fuß – jeder Schritt zählt!

Ihr persönlicher Fitnesstrainer

Machen Sie es wie wir: Ohne unseren OMRON-Schrittzähler gehen wir nicht aus dem Haus, er folgt uns auf Schritt und Tritt. Ohne viel technisches Know-how ist er schnell eingestellt, dann steckt man ihn an die Hosentasche oder Jacke und los geht's. Auf einmal freut man sich auf jede Treppe, freut sich übers »Stockwerk-Walking« und ist immer wieder versucht nachzusehen, wie viele Schritte man schon geschafft hat. Interessant ist, wie unterschiedlich einzelne Tageswertungen ausfallen können. Bei uns zu Hause ist es ein regelrechter familieninterner Wettkampf. Es sind wohl die »Sportlergene«, die sich da bemerkbar machen. Das kann dann so laufen, dass unsere Tochter aus Berlin anruft und ihre Schrittzahl durchgibt und sich freut, wenn sie den Vater »geschlagen« hat. Die Zugspitze hat mit 28.000 bisher den größten Bonus eingebracht. Beim Golfspielen sind wir dagegen froh, wenn die Zahl auf dem Display möglichst niedrig ist. Werte von über 14.000 sind ein sicheres Zeichen für miserables Spiel und heftiges Streuen der Golfbälle. Ganz ungolferisch: Freuen Sie sich über jeden Ball, den Sie lang suchen müssen.

Ganz abgesehen von der motivierenden Wirkung, ist so ein Schrittzähler auch ein perfekter Fitnesstrainer und Wegbegleiter, der leider nichts beschönigt. Ideal wäre es, pro Tag auf 10.000 Schritte zu kommen, was gar nicht so leicht ist. Dabei zählt der Schrittzähler die täglich zurückgelegten Schritte samt Kilometerangabe und berechnet die Zahl der Kalorien, die beim Gehen verbrannt werden. Durch eine spezielle Speicherfunktion hat man so einen Überblick über die gesamte Wochenaktivität (weitere Infos finden Sie unter www.omron.de).

Kalorienverbrauch je 10 Minuten					
Tätigkeit	Körpergewicht				
	unter 60 kg	70 kg	80 kg	90 kg	über 110 kg
Sitzen	10	12	14	16	20
Hausarbeit	34	41	47	53	68
Treppensteigen, abwärts	56	67	78	88	111
Treppensteigen, aufwärts	146	175	202	229	288
Gehen (3 km/h)	29	35	40	46	58
Gehen (6 km/h)	52	62	72	81	102
Joggen (10 km/h)	90	108	125	142	178
Laufen (12 km/h)	118	141	164	187	232
Radfahren (10 km/h)	42	50	58	67	83
Radfahren (21 km/h)	89	107	124	142	178
Rasenmähen mit Maschine	34	41	47	53	67
Rasenmähen mit Hand	38	45	52	58	74
Holzhacken	60	73	84	96	121
Kegeln	56	67	78	90	111
Tanzen (mäßig)	35	42	48	55	69
Tanzen (intensiv)	48	57	66	75	94
Golf	33	40	48	55	68
Skilanglauf	98	117	138	158	194
Kraulschwimmen (langsam)	40	48	56	63	80

Der alltägliche Energieverbrauch

Der Schlüssel zu Ihrer Gesundheit ist ein erhöhter Energieverbrauch durch Bewegung. Optimal sind mindestens 2.000 zusätzliche Kalorien pro Woche. Neben dem Gehen gibt es zahlreiche weitere Aktivitäten, die Ihren Stoffwechsel in Schwung bringen. Ob Sie diese 2000 kcal zu Fuß, durch Radfahren, Rasenmähen, Holzhacken oder Tanzen abarbeiten, ist zunächst nicht entscheidend.

Hauptsache: Sie tun es!

Die links stehende Tabelle zeigt den Kalorienverbrauch für jeweils 10 Minuten verschiedener Tätigkeiten in Bezug zum Körpergewicht.

Zähneputzen mit Rosi

Bei der Wahl zur »Sportlerin des Alltags« wäre Rosi sicher ganz weit vorn. Sie nützt jede Gelegenheit zum »bewegten Haushalt«. Da kann man sich schon einiges abschauen. Allein schon ihre Einstellung: Jede Pflicht wird zur Freude, wenn sie Bewegung mit einbauen kann. Es entspricht ihrer Lebensphilosophie, dass man auch im Kleinen Großes bewirken kann. »Keine Zeit« ist ab sofort keine Ausrede mehr, daher als Mutmacher für Sie ein Beispiel aus ihrem Alltag: »Zähneputzen mit Rosi« bringt Ihnen am Tag einen zusätzlichen Bewegungsbonus von 10 Minuten und einen Verbrauch von etwa 30 kcal, macht 200 in der Woche und 10.400 im Jahr und auch der Zahnarzt freut sich. Probieren Sie es am besten gleich morgen früh aus und starten Sie »putzig« in den Tag.

Erste Minute

Drücken Sie sich mit den Fußspitzen langsam vom Boden ab und senken Sie anschließend die Fersen Richtung Boden, ohne ganz abzusetzen. Das kräftigt Ihre Fuß- und Wadenmuskulatur und aktiviert den Blutkreislauf.

Tipp: Ohne Festhalten trainieren Sie gleichzeitig Ihr Gleichgewicht. Könner absolvieren die Übung einbeinig, abwechselnd.

Zweite Minute

Gehen Sie in die Hocke und stützen Sie sich mit einer Hand am Knie ab. Wechseln Sie nach einer halben Minute auf die andere Seite. Mit der anderen Hand die Zähne zu putzen ist anfangs etwas ungewohnt, fördert aber gleichzeitig die Feinkoordination und erschließt neue »Zahnlücken«.

Dritte Minute

Stützen Sie sich mit einer Hand ab. Strecken und beugen Sie ein Bein und wechseln Sie nach einer halben Minute auf die andere Seite. Mit dieser Übung kräftigen Sie Ihre Bein- und Gesäßmuskeln.

Ausspülen und fertig – viel Spaß!

So werden und bleiben Sie aktiv

Glauben Sie bloß nicht, wir wüssten nicht, wie schwer es ist, sich zu überwinden und nach einem strengen Arbeitstag noch zu sporteln. Wir lieben schon auch das Couching und lassen uns gerne hängen. Trotzdem tun wir uns natürlich leichter. Als wir klein waren, war es ausgelassene Spielerei im Märchenland Natur, als Leistungssportler war es eine Sucht und heute ist es für uns gewachsenes Bedürfnis. Unsere innere Leidenschaft ist und war aber immer auch, andere Menschen in diese unsere »bewegte« Welt mitzunehmen, ihnen die Schönheiten der Natur zu zeigen und sie positiv aufzumuntern, etwas für sich und die Gesundheit zu tun. Für jemand, der nicht die Anlagen oder eine Abneigung gegen Sport hat, muss es frustrierend sein, immer wieder zu hören, wie wichtig Bewegung für die Gesundheit wäre. Ohne Spaß und Überzeugung können Sie es vergessen. Suchen Sie sich Bewegungsarten, die Ihnen liegen, bei denen Sie Freude und Erfolgserlebnisse haben und sich nicht die **SOS**-Frage stellen müssen: **S**oll ich jetzt Sport treiben **O**der **S**oll ich lieber fernsehen? Da würden wir uns immer fürs Fernsehen entscheiden.Ein Gesundheits- und Fitnessprogramm kann so simpel sein: zügig spazieren gehen, sich im Alltagsleben mehr bewegen (siehe Rosis Zähneputzen) – schon ist ein guter Anfang gemacht. Freuen Sie sich an den kleinen Erfolgen, es geht nur um die richtige Balance zwischen Ihren Möglichkeiten und gesunden Aktivitäten. Vielleicht helfen Ihnen dazu die folgenden ganz einfachen Tipps, wir würden uns freuen.

1. Schritt: Motivation

Sie erreichen mit wenig Aufwand einen immensen Nutzen. Statt 80 Schritte in der Minute 100 Schritte! Wow: Gesünder, fitter, längere Lebenserwartung. Wo gibt es denn sonst noch so einen Aufwand-Nutzen-Effekt! Da träumen die Werbegurus davon, die uns immer einen riesengroßen Nutzen mit klitzekleinem Aufwand versprechen. Wenn das keine Motivation ist!? Forschungen zeigen: Schon mit »Bewegungshäppchen«, die vielleicht 10 Minuten dauern, können Sie etwas für Ihre Gesundheit tun. Also, die Treppe hoch und runter gehen! Freuen Sie sich, wenn Sie etwas im 3. Stock vergessen haben und eine zusätzliche Trainingseinheit einlegen dürfen.

2. Schritt: Spaßfaktor

Ganz wichtig: Ohne Freude und Spaß geht gar nichts! Versuchen Sie es mit einer Bewegungsart, die Ihnen immer schon Spaß gemacht hat, auch Garteln oder Rasenmähen zählt. Oder mit einer Sportart, die leicht zu erlernen ist und schnell Erfolgserlebnisse garantiert (sicher eines der Geheimnisse von Nordic Walking). Stellen Sie Ihre Ziele mit Ihren Fähigkeiten, Interessen und Werten in Einklang. Das Sportangebot ist riesig. Freuen Sie sich an kleinen Erfolgen und Verbesserungen, Sie müssen nicht mehr Weltmeister werden, denn bei der Gesundheit führen die kleinen Schritte zum Erfolg.

3. Schritt: Strategie + Verträge

Schreiben Sie auf einen Zettel Ihr Bewegungsziel: Mehr Bewegung, Fitnessstudio, Joggen, Nordic Walking, Wandern, Tanzen, Bergsteigen, Sportverein usw. Ganz egal, etwas, das Ihnen Spaß macht und Ihnen mehr Bewegung verschafft. Legen Sie den Zettel an einen Fleck, wo Sie immer wieder darauf stoßen. Dann gehen Sie an die Umsetzung und formulieren das »Wann, Wo, Wie«. Der Plan macht Ihre Absicht konkret. »Ich mache einen Nordic-Walking-Kurs. Ich spreche mit meiner Nachbarin. Sie hat zugesagt. Am Samstag um 10 Uhr geht es los.« Ergebnis: Sie haben einen Vertrag geschlossen. Keinen schriftlichen, aber doch einen verbindlichen. Wenn Sie also einen Plan haben, dann schließen Sie auch einen Vertrag. Treten Sie in einen Verein ein, verabreden Sie sich mit jemandem, erzählen Sie möglichst vielen Menschen von Ihrem Plan und schließen Sie »Verträge«. Christian markiert in seinem Timer jede Bewegungsart G = Golf, LL = Langlauf, NW = Nordic-Walking, J = Joggen, R = Radeln. Wenn man dann die Wochen- oder Monatsliste ansieht, kann man stolz sein und sich freuen.

4. Schritt: Durchhaltevermögen

Wenn dieser »blöde innere Schweinehund« nicht wäre. Der Bewegungsanfang ist ja leicht, aber das Durchhalten so schwer. Also: Keine überzogenen Erwartungen: das sogenannte »false-hope-syndrome« ist der große Feind und schnappt sich 50 % unserer Bewegungseinsteiger. Veränderungen im Lebenswandel erfordern aber leider Arbeit.

Freuen Sie sich also an kleinen Erfolgen, erwarten Sie sich nicht gleich nach dem ersten Bewegungshäppchen oder der ersten Fitnesseinheit den Superkörper. Die Umerziehung erfordert eine Politik der kleinen Schritte. Lieber 20 Minuten walken als gleich eine ganze Stunde joggen. Unterstützung aus der Familie oder dem Freundeskreis wäre ideal. Da zieht dann der eine den anderen mit. Visualisieren Sie sich und Ihren Sport, z.B. mit dem Foto Ihrer Lieblingslaufstrecke am Kühlschrank. Haben Sie Geduld, versuchen Sie es immer wieder, auch wenn es mal Rückschläge gibt. Bis das Couching-Denkmuster aufgelöst ist, dauert es seine Zeit.

5. Schritt: Emotion

Versuchen Sie Ihre Bewegungseinheiten mit positiven Gefühlserlebnissen zu verbinden. Ganz wichtig: Kaufen Sie sich eine schicke, funktionelle Sportbekleidung oder besser gesagt »Sport-Couture«, das ist die reinste Verjüngungskur. Sparen Sie nicht bei Sportgeräten, Sie wollen sich doch nicht in Ihrer wertvollsten Zeit, der Freizeit, mit Material rumärgern! Verbinden Sie den Sport mit Emotionen: Abendrot am Gipfel, Lauf über schneebedeckte Wiesen, gemeinsames Duschen nach der Trainingseinheit (nur mit Rosi), »Einkehrschwung«, den können auch wir am besten, usw. So ein »gutes Essen danach«, ohne schlechtes Kaloriengewissen, das hat schon etwas, wenn man weiß, dass man es sich über die Bewegung verdient hat. Verbinden Sie also jede Trainingseinheit mit einem emotionalen »Zuckerl«, das lässt sich wunderbar planen und den Fantasien sind keine Grenzen gesetzt.

Bevor es losgeht: der Gesundheitscheck

Bewegung ist die natürlichste Sache der Welt. Das wichtigste Bewegungsprinzip lautet: **»Tun Sie es!«**
Bewegung ist nicht kompliziert. Im Gegenteil: Sie ist einfach und natürlich und bringt Spaß und Freude ins Leben. Bevor es losgeht, sollten Sie jedoch Ihren aktuellen körperlichen Zustand abklären, um unnötige Risiken zu vermeiden. Bei bekannten Problemen müssen therapeutische Maßnahmen ergriffen werden.

Gesundheitsfragebogen

1. Haben Sie eine Herzerkrankung (Herzinfarkt, Angina Pectoris, Herzschrittmacher)?
   ☐ ja ☐ nein

2. Haben Sie einen Herzfehler oder eine Herzschwäche?
   ☐ ja ☐ nein

3. Haben Sie Herzrhythmusstörungen?
   ☐ ja ☐ nein

4. Haben Sie einen frischen Bandscheibenvorfall?
   ☐ ja ☐ nein

5. Leiden Sie regelmäßig unter starken Rückenbeschwerden?
   ☐ ja ☐ nein

6. Haben Sie chronische Infektionen oder Entzündungen?
   ☐ ja ☐ nein

Beurteilung: Haben Sie eine der Fragen von 1 bis 6 mit Ja beantwortet, müssen Sie die Zustimmung und die Belastungsvorgaben Ihres Arztes einholen.

Rundum gesund
Ratgeber für Gesundheit und Wellness
nymphenburger
HERBiG

BARBARA RÜTTING

Barbara Rütting
Ich bin alt und das ist gut so
Von A – Z: Barbara Rüttings ganz persönliche Tipps für ein erfülltes und gesundes Leben.
288 S., ISBN 978-3-485-01114-3
€ D 19,90/€ A 20,50/CHF 35,90

Barbara Rütting
Essen wir uns gesund
Die Bestsellerautorin macht Lust auf vollwertiges Essen.
320 S., ISBN 978-3-7766-2293-5
€ D 24,90/€ A 25,60/CHF 44,90

ERNÄHRUNG

Ingrid Kraaz von Rohr
Gute Laune kann man essen!
Farbtherapie und Kochen, die ideale Verbindung für ein gesundes Leben.
160 S., ISBN 978-3-485-01138-9
ca. € D 16,90/ca. € A 17,40/ ca. CHF 31,90

Prof. Dr. Walter Hartenbach
Die Cholesterin-Lüge
Der erfahrene Mediziner räumt mit den größten Cholesterin-Lügen auf.
160 S., ISBN 978-3-7766-2277-5
€ D 14,90/€ A 15,40/CHF 27,90

Dr. Michaela Axt-Gaderman
Prof. Dr. Peter Axt
Sylvia Schmitt
Einfach besser essen
Jung und gesund bleiben mit de Dr. Axt-Methode – ein Ratgeber mit vielen Rezeptideen.
176 S., ISBN 978-3-7766-2515-8
€ D 14,90/€ A 15,40/CHF 27,90

Klaus Oberbeil
Fett macht fit
Richtiges Fett macht richtig gesund! Ein informativer Ratgeber.
ca. 176 S., ISBN 978-3-7766-2565-3
ca. € D 14,90/ca. € A 15,40/ca. CHF 2

Christine Janson
Nie mehr Migräne
Frei sein von Migräne mit der Kombination aus Feldenkrais und Naturheilkunde.
ISBN 978-3-485-01140-2

Inka Jochum
Mehr Beweglichkeit
Individuell anpassbares Aufbauprogramm der erfahrenen Körpertherapeutin.
ISBN 978-3-485-01090-0

Werner Rieth
Das Yoga-Abnehmbuch
Ohne Diät und Jojo-Effekt: Erreichen Sie Ihr Wohlfühlgewicht.
ISBN 978-3-485-00966-9

Inka Jochum
Das Rücken-Heilbuch
Effektives 15-Minuten-Programm, das Rückenprobleme dauerhaft beseitigt.
ISBN 978-3-485-00857-0

Barbara Rütting
Lach dich gesund
Heilchance Lachen: Die Essenz der Lachtherapie in einem Band.
ISBN 978-3-485-01077-1

Jürgen A. Doose
EFT
Natürliche, einfach anwendbare Heilmethode, ideal für die Selbstbehandlung.
ISBN 978-3-485-01017-7

WELLNESS / FITNESS

Rosi Mittermaier / Christian Neureuther
Die Heilkraft des Sports
Sport macht gesund – und jeder kann mitmachen! Zwei Profis zeigen mit Tipps, Tests und einem Aktivprogramm, wie's ganz einfach geht.
ca. 144 S., ISBN 978-3-485-01129-7
ca. € D 14,90/€ A 15,40/CHF 27,90

Hiermit bestelle ich:

__ Ex. ______________________________
Autor/Titel

__ Ex. ______________________________
Autor/Titel

__ Ex. ______________________________
Autor/Titel

____
Vorname/Name

____
Straße PLZ/Ort

____
Datum und Unterschrift

Bitte geben Sie diesen Coupon in Ihrer Buchhandlung ab oder schicken Si ihn direkt an: Buchverlage Langen*Müller* Herbig nymphenburger, Thomas-Wimmer-Ring 11, 80539 München, Fax: 089/29088-144 oder online unter: www.herbig.net

Stand: Dezember 2008. Preisangaben bei Novitäten sind ca.-Angaben. Die Preise für die Schweiz in CHF sind unverbind empfohlene Ladenpreise. Änderungen und Irrtümer vorbehalten.

7. Nehmen Sie regelmäßig Medikamente?

☐ ja ☐ nein

8. Ist Ihr Blutdruck über 140/90 mmHg?

☐ ja ☐ nein

9. Leiden Sie häufig unter Schwindel oder Kopfschmerzen?

☐ ja ☐ nein

10. Haben Sie eine Asthmaerkrankung?

☐ ja ☐ nein

11. Leiden Sie unter Diabetes?

☐ ja ☐ nein

12. Haben Sie eine Schilddrüsenerkrankung?

☐ ja ☐ nein

13. Sie sind über 35 und haben bisher keinen regelmäßigen Sport betrieben?

☐ ja ☐ nein

Beurteilung: Beantworten Sie eine oder mehrere der Fragen 7 bis 13 mit Ja, sollten Sie vor Beginn des körperlichen Trainings Rücksprache mit Ihrem Arzt halten.

In Teil 3 erfahren Sie die aktuellsten Informationen zu den einzelnen Beschwerdebildern und erhalten konkrete Ratschläge, wie Sie die Heilkraft der Bewegung für sich nutzen können.

14. Leiden Sie momentan unter einer akuten Infektion (Fieber, Grippe)?

☐ ja ☐ nein

15. Hatten Sie in den letzten 2 Wochen eine fieberhafte Erkrankung?

☐ ja ☐ nein

16. Hatten Sie größere Verletzungen oder Operationen am Bewegungsapparat und sind noch nicht beschwerdefrei?

☐ ja ☐ nein

Beurteilung: Beantworten Sie eine oder mehrere der Fragen 14 bis 16 mit Ja, sollten Sie vorübergehend pausieren und Ihre Krankheit auskurieren.

Grünes Licht! Wenn Sie die Eingangsvoraussetzungen erfüllen, steht Ihrem Unternehmen Sport nichts mehr im Wege: Starten Sie in eine gesunde Zukunft!

2 Mit Sport gesund bleiben

Unsere »goldenen« Gesundheitsregeln

→ Bewegung fördert die Gesundheit, aber die Dosis entscheidet über die Wirkung. Das gesundheitswirksame Maß ist schnell erreicht, auch ohne Joggingschuhe schnüren zu müssen.

→ Für die Gesundheit ist nicht so wichtig, wie man sich bewegt, Hauptsache, Sie beschleunigen regelmäßig Ihren Puls und Atem, damit Sie Kalorien verbrennen.

→ Schon geringe, aber regelmäßige Bewegung wie 3-mal wöchentliches zügiges Gehen oder moderates Laufen verbessern Ihre Gesundheit

→ Schon mäßige Bewegung, z.B. 30 Minuten zügiges Gehen pro Tag, hilft, die Blutwerte bei Herzkrankheiten und Diabetes zu optimieren.

→ Bewegen Sie sich möglichst im niedrigen, aeroben Pulsbereich (siehe Seite 58 f.), also in dem Bereich, in dem Energie hauptsächlich mit Sauerstoff gewonnen wird. Im aeroben Bereich findet die bestmögliche Fettverbrennung statt und es entstehen keine störenden Stoffwechselprodukte.

→ Aerober Pulsbereich bedeutet optimaler Gesundheitseffekt für das Immunsystem.

→ Regelmäßige Bewegung fördert die Gesundheit, daher bitte nicht exzessiv nachholen, was Sie wochenlang versäumt haben.

→ Um die richtige Dosis für Ihr Bewegungsprogramm zu finden, sollten Sie sich beim Arzt beraten bzw. untersuchen lassen.

→ Sport ist dann gut für die Gesundheit, wenn Sie den Körper nicht überfordern. Gerade Einsteiger sollten daher das Motto beachten : »Vom Leichten zum Schweren« und »Laufen ohne Schnaufen«!

→ Laufen oder radeln Sie so, dass Sie sich noch unterhalten können.

→ Eine Pulsuhr ist gerade für Einsteiger ein wichtiges und richtiges Kontrollgerät und hilft Ihnen, den wichtigen aeroben Pulsbereich zu treffen.

Genießen Sie die Pausen

Eine gewisse Ermüdung nach körperlicher Aktivität ist normal. Wenn Sie mit einem Ausdauertraining beginnen, werden Sie feststellen, dass Sie besser schlafen werden. Sie schlafen schneller ein und besser durch. Das macht Sinn, denn die Nachtruhe ist die beste Regenerationsmaßnahme des Körpers. Es werden Hormone ausgeschüttet, die auch für Zellwachstum und Fettabbau sorgen. Sie werden nicht nur während des Trainings leistungsfähiger, sondern auch in den Pausen dazwischen. Entwickeln Sie ein Gefühl für Ihr Wohlempfinden und hören Sie auf die Signale Ihres Körpers.

Als Faustregel gilt: Je höher die Belastung durch das Training, desto länger die Regenerationszeit. Nach erschöpfenden Aktivitäten brauchen Sie längere Pausen als nach einer moderaten Gymnastikeinheit oder einer Walkingtour im »Wohlfühlbereich«. Machen Sie also erst wieder weiter, wenn Sie sich erholt fühlen. Länger als 3 bis 4 Tage sollte die Unterbrechung allerdings nicht dauern.

Welche Sportart ist die beste?

Sport muss Spaß machen, wir wollen Emotionen erleben und uns gleichzeitig körperlich bewegen oder auch umgekehrt. Das zur Verfügung stehende Sport- und Bewegungsprogramm ist aber so vielfältig, dass man am liebsten wie eine Biene von Blume zu Blume fliegen möchte, um alles auszuprobieren. Doch Vorsicht, die Gefahr besteht, dass man es vor lauter Vielseitigkeit zu keiner Könnensstufe bringt, die dann auch Spaß macht. Unsere Empfehlung: Suchen Sie sich eine oder auch mehrere Lieblingssportarten, die zu Ihrem Alter, Ihren zeitlichen und körperlichen Möglichkeiten und Ihrem Umfeld passen. Akzeptieren Sie auch Ihre Talente oder körperlichen Voraussetzungen. Wir sind heute genauso glücklich, auf der Kandahar in Garmisch-Partenkirchen mit Normalskiern gemütlich und leicht rutschend hinunterzuschwingen, wo wir früher mit über 100 km/h hinuntergerast sind. Und wenn wir mal gar nicht mehr Ski fahren können, werden wir auch das akzeptieren und uns neue, dann genehme Bewegungsarten suchen, die uns aber weiterhin bewegen und Spaß machen werden. Die persönlichen Möglichkeiten und Vorlieben können recht unterschiedlich sein. Viele Menschen ziehen ein Training in der Gruppe oder mit Musik einer einsamen Joggingrunde vor. Für andere bedeutet genau diese Einsamkeit und Ruhe eine willkommene Ablenkung vom Alltagsgeschehen. Aus der Sicht von Bewegung und Gesundheit hängt Ihre ausgewählte Sportart vom Einsatz der beteiligten Muskeln ab. Sie müssen sich vorstellen: Jeder Muskel ist ein kleiner Ofen und je mehr Muskeln im Einsatz sind, desto mehr Energie wird verbrannt.

Es gilt: Je mehr Muskeln aktiv sind, desto effektiver wird das Herz-Kreislauf-System belastet und Sie benötigen weniger Zeit, um einen bestimmten Energieverbrauch zu erreichen.

Beim Joggen benötigen Sie beispielsweise weniger Zeit als beim Radfahren, um die gleiche Menge Kalorien zu verbrennen. Entscheidend muss aber immer bleiben, dass Sie sich nicht überfordern. Gehen Sie nie zum Sport, um zu »powern, weil es gesund ist«. Vielmehr sollte das Motto sein: »Ich kann powern, weil ich gesund bin!«

Damit Sie nun die für Sie richtige Ausdauersportart finden, nachfolgend eine kurze Charakteristik:

Walking

VORTEILE

- Geringe Gelenkbelastung, auch bei Übergewicht geeignet
- Optimale Belastungsdosierung für Anfänger
- Geringer finanzieller Aufwand
- Zu jeder Zeit überall möglich

Nordic Walking

VORTEILE

- Gleiche Vorteile wie Walking: Optimale Ausdauereffekte bei geringer Gelenkbelastung
- Zusätzlicher Nutzen: Der aktive Stockeinsatz bringt mehr Muskeln ins Spiel und steigert die Effektivität

Bergwandern

VORTEILE

- Hoher Erlebnisfaktor, kann mit Urlaub und Entspannung verbunden werden
- Ideales Fettstoffwechseltraining durch lange Belastungen

NACHTEILE

- Höhere Gelenkbelastung beim Bergabgehen, v.a. Kniegelenke (sinnvolle Gegenmaßnahme: Wandern mit Stöcken)
- Witterungsabhängig und evtl. lange Anfahrtswege

Jogging

VORTEILE

- Sehr hohe Effektivität
- Für Fortgeschrittene gute Belastungsdosierung möglich
- Ohne großen Aufwand überall durchführbar
- Geringer Kostenaufwand: Gute Laufschuhe etwa ab 80 Euro erhältlich

NACHTEILE

- Erhöhte Gelenkbelastung für Übergewichtige und Untrainierte
- Anfänger überschreiten beim Jogging häufig den gesunden und sinnvolleren »aeroben« Trainingsbereich

Radfahren

VORTEILE
- Optimale Entlastung der Gelenke, sehr gut geeignet bei Übergewicht
- Ideal für lange Belastungen zur Verbesserung des Fettstoffwechsels
- In der Gruppe oder als Familie gut möglich

NACHTEILE
- Höhere Abhängigkeit von Witterung/Jahreszeit
- Je nach Lenkerposition ungünstige Belastung der Wirbelsäule
- Sturzgefahr

Inlineskating

VORTEILE
- Geringe Gelenkbelastung (bei richtiger Technik)
- Hoher Spaßfaktor, sehr beliebt bei Jugendlichen
- Gute Belastungsdosierung

NACHTEILE
- Hohe Technikanforderung für Anfänger
- Anschaffungskosten für Skates und Sicherheitsausrüstung: ca. 200 Euro
- Sturzgefahr

Schwimmen

VORTEILE
- Optimale Entlastung aller Gelenke
- Zusätzlicher Energieverbrauch im Wasser
- Geringe Kosten

Ski-Langlauf

VORTEILE
- Intensives Naturerlebnis
- Maximaler Trainingseffekt durch hohe Muskelbeteiligung
- Durch Gleiteffekt sehr geringe Gelenkbelastung (bei richtiger Technik)
- Gute Belastungsdosierung möglich

NACHTEILE
- Witterungs- und jahreszeitabhängig
- Evtl. lange Anfahrtswege und hohe Anschaffungskosten

Gesund laufen

Laufen zählt zu den effektivsten Ausdauersportarten. Der Stoffwechsel läuft auf Hochtouren und sorgt für einen optimalen Energieverbrauch. »Jeder kann laufen«, doch nicht jeder profitiert vom Jogging. Es sollten einige Grundvorausetzungen erfüllt sein, um Überlastungen zu vermeiden. Bei jedem Schritt muss etwa das Zweieinhalb- bis Dreifache des eigenen Körpergewichts abgefangen werden, was der gesunde und trainierte Sportler problemlos kann. Eine wichtige Grundlage für gesundes Laufen ist eine kräftige Beinmuskulatur. Stellen Sie dazu Ihre Kraft auf die Probe und absolvieren Sie den Beintest im Buchanhang Seite 134. Ein spezieller und auf Sie angepasster Laufschuh bietet Ihnen zusätzlich eine gute Stützhilfe und optimale Dämpfung. Für übergewichtige Personen ist das sportliche Gehen schonender als ein Dauerlauf. Beim Walking wirkt etwa nur das Eineinhalbfache des eigenen Körpergewichts auf die Gelenke. Für ein uneingeschränktes Laufvergnügen benötigen Sie neben den orthopädischen Voraussetzungen eine gewisse Grundlage an Ausdauer. Wer bereits nach wenigen Laufschritten nach Atem ringt, hat den effektiven Trainingsbereich mit Sicherheit verlassen. Laufen Sie mit einem Lächeln und nach dem Motto: Laufen ohne Schnaufen. Wer nicht in der Lage ist, im gesunden, »aeroben« Bereich (siehe Seite 58 f.) zu laufen, sollte sein Ausdauerprogramm unbedingt im Gehen absolvieren.

Walking – der sanfte Weg zur Fitness

Es soll nicht der Eindruck entstehen, dass Walking eine Sportart nur für Anfänger oder Nicht-Sportler sei. Ein hohes Schritttempo verbunden mit einem kräftigen Armeinsatz wird auch einen durchtrainierten Sportler ins Schwitzen bringen. Probieren Sie es aus. Die gute Dosierbarkeit und die geringe Gelenkbelastung machen das Walking für den Gesundheits- und Freizeitsport besonders attraktiv. Sie können lange Trainingseinheiten mit niedriger Belastung absolvieren und aktivieren damit hervorragend Ihren Fettstoffwechsel. Auch erfahrene und austrainierte Läufer können ihr Training mit langen Walkingeinheiten ergänzen und im Bereich der Grundlagenausdauer enorme Effekte erzielen.

Der Unterschied zum normalen Gehen oder Spazieren liegt in der Dynamik der Bewegung. Vergrößern Sie Ihre Schrittlänge und unterstützen Sie Ihren schwungvollen Bewegungsablauf mit dem kräftigen Einsatz Ihrer Arme. Denken Sie daran: Je mehr Muskulatur Sie aktiv einsetzen, desto effektiver arbeitet Ihr Stoffwechsel.

Nützliches Sportaccessoire für Aktive

Vorbei sind die Zeiten, in denen Socken und Strümpfe nur dazu dienten, den Fuß vor Blasenbildung zu schützen. Eine absolut lohnenswerte Investition für Aktive sind spezielle Sportstrümpfe. Rosi und ich tragen sie bei jeder Wanderung. Sie sorgen für ein leichteres Laufgefühl und »lockern« die Wade bei jedem Schritt. Die cep® Compression Sportsocks sind funktionelle Sportstrümpfe mit patentierter Druckanpassung an die Wadenmuskulatur, die zu einer Verbesserung der Durchblutung führen und einen venösen Rückstau verhindern. In einer aktuellen Studie der Universität Erlangen-Nürnberg konnte sogar ein positiver Einfluss in Bezug auf die Ausdauerleistung nachgewiesen werden.

Nordic Walking – mit Stockeinsatz ans Ziel

Einfacher und effektiver als mit Nordic Walking können Sie nicht fit werden. Der »Stockantrieb« ermöglicht ein gut dosierbares Konditionstraining mit hohem Energieverbrauch. Auch Personen, die beim Laufen unter Gelenkproblemen leiden, haben die Chance, durch Nordic Walking ihren Bewegungsradius zu erweitern und ihren Körper beschwerdefrei in Bestform zu bringen. Alles, was Sie brauchen, sind gute Lauf- oder Joggingschuhe mit griffiger, flexibler Sohle, eine bequeme Funktionsbekleidung und Nordic-Walking-Stöcke. Die Formel für die optimale Stocklänge lautet: Körpergröße x 0,66 oder einfacher: die Schlaufe sollte auf der Höhe des Bauchnabels sein.

Der Stockeinsatz macht Sinn: Wissenschaftliche Untersuchungen konnten zeigen, dass der Organismus beim Nordic Walking mehr Sauerstoff umsetzt und die Muskulatur gleichmäßiger belastet wird als beim normalen Walking. Zusätzlich wird die Rumpf- und Rückenmuskulatur gestärkt.

Radfahren – der Klassiker

Radfahren zählt zu den klassischen Ausdauersportarten und bringt Ihnen jede Menge Kraft, Ausdauer und natürlich Spaß.

Je nach Tempo und Trainingszustand wird man zum Kilometerfresser. Gerade auch das Mountainbike bringt einen innerhalb kürzester Zeit in unvergleichliche Berglandschaften. Man muss nur aufpassen, sich nicht zu überfordern. Für Personen mit Gelenkproblemen ist das Radfahren besonders attraktiv, weil das Körpergewicht zu 70 bis 80 % vom Rad getragen wird. Ob als Verkehrsmittel im Alltag oder als Fitnessgerät, Radfahren steigert im wahrsten Sinne des Wortes die Mobilität. Auch als Anfänger sind Sie problemlos in der Lage, längere Touren über mehrere Stunden zu absolvieren. Auch ein Hometrainer am TV-Gerät kann sehr hilfreich sein und zusätzliche Bewegungseinheiten bewirken. Ideale Voraussetzungen, um Ihre Fettverbrennung einmal richtig anzuheizen.

Eine Radltour mit einem schönen Ausflugsziel ist ein wunderbares Erlebnis für die ganze Familie. Radln geht auch gut in der Gruppe: Man kann sich »ziehen« lassen und im Windschatten »verstecken«. So können auch Schwächere gut mithalten und erleben ein kameradschaftliches Miteinander.

Wie trainiert man richtig?

Effektives Ausdauertraining

Ausdauersportarten und Ausdauertraining sind sicher die gesundheitseffektivsten Bewegungsformen. Die im moderaten aeroben Pulsbereich erzielte Grundlagenausdauer ist die Basis für alle sportlichen Leistungen. Selbst Spitzensportler wie ein Hermann Maier trainieren sie intensiv und immer wieder mit stundenlangem Radfahren in einem Pulsbereich von 80 bis 100 (!). Auf diesem breiten Fundament kann dann erst körperliche Höchstleistung erfolgen. Um wie viel wichtiger und gesünder muss es dann für uns Normalsportler sein, den positiven Effekt einer guten Grundlagenausdauer zu nutzen. Das Unglaubliche daran ist, dass aus medizinischer Sicht das sinnvolle Maß an Bewegung schnell erreicht ist und Quälerei nur den Spitzenathleten etwas bringt, uns aber eher schadet. Erst wenn Sie sich Ihre persönliche Grundlagenausdauer antrainiert oder »anbewegt« haben, sollten Sie sich in höhere Pulsbereiche wagen.

Dabei ist es eigentlich ganz einfach: Hören Sie auf Ihre »innere« Stimme. Folgende Körpersignale zeigen Ihnen, dass Sie sich im »grünen Bereich« bewegen:

- Sie spüren, dass Sie schneller atmen, eine Unterhaltung bzw. zusammenhängende Sätze sind jedoch noch möglich.
- Beim Laufen sollte ein Atemzyklus 8 Schritte dauern, 4 Schritte ein-, 4 Schritte ausatmen.
- Beim Radfahren gilt Gleiches mit den Pedaltritten.
- Beim Schwimmen sollten Sie nach jedem zweiten Zug atmen.
- Sie spüren die Aktivität Ihrer Muskeln, haben aber kein Schwächegefühl.
- Sie schwitzen je nach Temperatur leicht bis mittel.
- Ihre Stimmung ist freudig und lebhaft. Sie empfinden die Belastung als »leicht«.

Aerobe und anaerobe Belastung

Wenn Sie während Ihrer Aktivität nach Atem ringen, haben Sie den sinnvollen, gesunden, aeroben Bereich verlassen. Eine Unterhaltung ist in diesem Zustand nicht mehr möglich. Ihr Körper kann nicht mehr mit Hilfe von Sauerstoff die Energieversorgung decken.

Wir kommen dann in den kritischen »anaeroben« Bereich in dem, die Energiegewinnung zum großen Teil ohne Sauerstoff erfolgt. Dieser anaerobe Bereich

Die gesunde »aerobe« Belastung

- Im aeroben Bereich ist Ihr Organismus mit genügend Sauerstoff versorgt.
- Ihr Körper verbrennt Kohlehydrate und bei lang andauernden Belastungen auch vermehrt Fett.
- Es ist für Sie von entscheidender Bedeutung, dass Sie den gesunden, aeroben Bereich möglichst selten verlassen, damit Ihnen die sportliche Aktivität wirklich guttut.

Überlastungsreaktionen bei »anaerober« Belastung:

- Es werden vermehrt die Stresshormone Adrenalin und Noradrenalin ausgeschüttet.
- Es kommt zur Bildung sogenannter freier Radikale, die eine zerstörende Wirkung auf Zellen haben.
- Das Immunsystem wird belastet.
- Die Erholungszeit nach dem Training ist deutlich länger.
- Die Gefahr von Muskelverletzungen wie Zerrungen oder Muskelfaserrissen steigt.
- Die Fettverbrennung kommt weitgehend zum Erliegen.

sollte im Gesundheitssport vermieden werden. Es entstehen beim Verbrennen schädliche Abfallprodukte wie etwa Milchsäure. Die Muskulatur übersäuert, die Bewegung fällt schwer und der Spaß bleibt dabei auch auf der Strecke.

Der Herzschlag – Ihr persönlicher Tachometer

Neben dem subjektiven Empfinden verrät Ihnen Ihr Herzschlag, wie intensiv Sie sich belasten. Mit zunehmender Belastung erhöht sich die Aktivität Ihres Herzens, um sauerstoffreiches Blut in die arbeitenden Muskeln zu pumpen. Die ideale Kontrolle, ob Sie sich im richtigen Pulsbereich bewegen, erhalten Sie daher mit einer Pulsuhr. Sie ist der ideale Trainingsbegleiter, um die Arbeit Ihres Herzens während des Trainings zu kontrollieren.

Ihre Herzfrequenz ist Ihr persönlicher Tachometer und hilft Ihnen, unterschiedliche Stoffwechselsituationen zu trainieren.

Das sollten Sie wissen:

- Je höher die Herzfrequenz, desto höher ist der anaerobe Anteil der Energiebereitstellung.
- Je höher die Herzfrequenz, desto höher ist der Anteil der Kohlehydratverbrennung an der Energiebereitstellung
- Je geringer die Herzfrequenz, desto höher ist der Anteil der Fettverbrennung an der Energiebereitstellung

Gezieltes Ausdauertraining – lang und langsam

Das aerobe Ausdauertraining ist die wichtigste Trainingsform für Gesundheit und Fitness. Das Training mit Pulskontrolle erleichtert es Ihnen, die Belastungen sinnvoll nach Ihren Bedürfnissen zu gestalten. Ihr Körper kann mithilfe des Sauerstoffs sowohl Kohlehydrate als auch Fette verbrennen. Bei wenig intensiven und langen Belastungen werden in erster Linie Fette verbrannt.

Dieses Fettstoffwechseltraining ist ideal für Trainingseinsteiger. Wer langfristig und regelmäßig trainiert, sollte die unterschiedlichen Belastungsbereiche variieren.

Beim Fettstoffwechseltraining lernt Ihr Körper, vermehrt Fette als Energiequelle zu nutzen. Diese Fette werden vor allem aus dem Unterhautfettgewebe abgebaut. Wenn Sie einen zu hohen Körperfettanteil haben und bisher wenig körperlich aktiv waren, fehlt Ihnen genau diese Fähigkeit.

So lernt Ihr Körper besser Fett zu verbrennen:

Die Dauer des Trainings sollte mindestens 60 bis 80 Minuten betragen.

Die Intensität des Trainings ist niedrig: Ihre Atmung ist kaum beschleunigt und Sie können sich problemlos unterhalten.

Das intensive Ausdauertraining – kürzer und schneller

Diese Form des Trainings ist für Anfänger nicht geeignet und sollte erst nach und nach in Ihre sportlichen Aktivitäten einfließen. Sie verlassen in diesem Bereich den reinen Gesundheitssport. Wer also intensiveres Ausdauertraining betreiben will, sollte über eine ausreichende Grundlage verfügen und hat leistungsorientierte Ambitionen. Bei dieser Variante des Ausdauertrainings verbrennen

Sie in erster Linie Kohlehydrate. Der Trainingseffekt entsteht durch einen hohen Energieumsatz. Das Motto lautet kürzer und schneller, allerdings nicht zu schnell! Wählen Sie Ihr Tempo so, dass genügend Sauerstoff zur Verfügung steht. Ohne Sauerstoff übersäuert die Muskulatur und Sie müssen über kurz oder lang atemlos stehen bleiben.

Zwei Voraussetzungen sind für den optimalen Trainingseffekt wichtig:
1. Die Dauer des Trainings liegt zwischen 30 und 60 Minuten.
2. Die Intensität des Trainings ist deutlich höher als beim Fettstoffwechseltraining: Die Atmung ist spürbar beschleunigt, die Möglichkeit der Unterhaltung reduziert.

Haben Sie gewusst, dass intensives Training in Ihrem Organismus einen Nachbrenneffekt auslöst? Bis zu 15 Stunden nach dem Training bleibt Ihr Grundumsatz erhöht. Sie verbrennen auch dann noch Energie, wenn Sie schon lange im Bett liegen und sich ausruhen.

Ihr persönlicher Trainingspuls

Es geht hierbei um die Ermittlung Ihrer persönlichen maximalen Herzfrequenz, die je nach Alter und Fitnesszustand unterschiedlich ist. Sie entscheidet aber, mit welcher Trainingsherzfrequenz Sie sich gesundheitsorientiert bewegen, Sie können damit die unterschiedlichen Trainingsbereiche gezielt ansteuern.
Eine Methode zum Ermitteln Ihres idealen Trainingspulses ist z.B. die Karvonen-Formel.

Karvonen-Formel:
THF = RHF + (MHF - RHF) x Trainingsfaktor

THF *= Trainingsherzfrequenz*
RHF *= Ruheherzfrequenz*
MHF *= Maximale Herzfrequenz*

Trainingsfaktor
für Fettstoffwechseltraining:
0,6 bis 0,7
für intensives Ausdauertraining:
0,7 bis 0,8

Zur Berechnung Ihres persönlichen Trainingspulses müssen Sie Ihre Ruheherzfrequenz und Ihre maximale Herzfrequenz bestimmen.

Feststellung der Ruheherzfrequenz

Die Ruheherzfrequenz ist diejenige Herzfrequenz, die Sie morgens noch vor dem Aufstehen haben. Bleiben Sie im Bett liegen und zählen Sie eine Minute lang Ihre Herzschläge. Der Wert, den Sie dabei erhalten, ist Ihre Ruheherzfrequenz.

Es gibt zwei Möglichkeiten, Ihre maximale Herzfrequenz zu bestimmen: eine theoretische und eine praktische.

Berechnung der maximalen Herzfrequenz

Laufen, (Nordic) Walking, Inline-Skating, Langlauf

Männer: 220 - Lebensalter

Frauen: 226 - Lebensalter

Radfahren

Männer: 210 - Lebensalter

Frauen: 216 - Lebensalter

Diese Methode ist einfach, aber für etwa 20 % aller Menschen ungenau.

Die praktische Bestimmung ist präziser, erfordert allerdings uneingeschränkte Belastbarkeit.

Wer seine maximale Herzfrequenz genau bestimmen will und zusätzlich noch detaillierte Vorgaben zu den Trainingsherzfrequenzen bekommen will, kann eine leistungsdiagnostische Untersuchung absolvieren.

Unsere Empfehlung

Die richtigen Herzfrequenzbereiche sind so wichtig, dass es absolut empfehlenswert ist, sich diese beim Arzt bestimmen zu lassen. Jeder hat sein eigenes Risikoprofil und das bestimmt, welches Maß an Bewegung sinnvoll ist. Dafür müssen

Sie auf ein Laufband oder einen Fahrradergometer, wo bei ansteigender Intensität der Puls, der Laktatgehalt des Blutes oder/und die Zusammensetzung der Atemluft gemessen werden. Übrigens kann man gleichzeitig als Vorsorge seine weiteren Herz-Kreislauf-Werte bestimmen lassen. Mithilfe solcher Untersuchungen wissen Sie wirklich, wie viel Sport Sie vertragen.

Test zur Bestimmung der maximalen Herzfrequenz:

1. Grundvoraussetzung ist, dass Sie vollkommen gesund sind. Gibt es Zweifel, sollten Sie den Test unter ärztlicher Leitung absolvieren.
2. Wärmen Sie sich vor dem Test mindestens 15 bis 20 Minuten gründlich auf.
3. Für den Test versuchen Sie eine Strecke, die Sie in etwa 4 Minuten bewältigen können, so schnell wie möglich zurückzulegen.
4. Beenden Sie den Test mit einem Spurt.
5. Die Herzfrequenz, die Sie am Ende dieses Tests messen, ist Ihre maximale Herzfrequenz. Messen Sie diese sofort nach Ende des Tests an der Halsschlagader 10 Sekunden lang. Multiplizieren Sie diesen Wert mit 6 und Sie erhalten Ihre maximale Herzfrequenz (genauer wird der Wert natürlich mithilfe einer elektronischen Pulsuhr ermittelt).

Ein Beispiel für die Anwendung der Karvonen-Formel:

Herr A. möchte im ruhigen Ausdauerbereich (Trainingsfaktor 0,6 bis 0,7) trainieren. Er hat morgens vor dem Aufstehen seinen Ruhepuls gemessen, der bei 63 Schlägen pro Minute liegt. Im links beschriebenen Test hat er seine maximale Herzfrequenz bestimmt. Sie liegt bei 182.

Untergrenze:

THF = 63 + (182-63) x 0,6 =134

Obergrenze:

THF = 63 + (182-63) x 0,7 = 146

Herr A. sollte also mit einer Herzfrequenz von 134 bis 146 trainieren.

Gut in Form durch Krafttraining

Die Muskulatur ist das größte Stoffwechselorgan unseres Körpers. Sie hält uns in Bewegung und stabilisiert die Gelenke. Ein junger Mensch hat einen Muskelanteil von etwa 35 bis 40 %. Durch Inaktivität und Alterung verlieren wir allerdings an Muskelmasse und der Wert kann im Alter fast auf die Hälfte schrumpfen. Ein aktiver Lebensstil verhindert diesen Abbauprozess. Mithilfe eines abwechslungsreichen Krafttrainings bringen Sie Ihre Muskeln gezielt in Form und stärken gleichzeitig Ihre Knochen, Sehnen und Bänder. Die höhere Muskelmasse verbraucht zudem bereits in Ruhe mehr Kalorien und aktiviert Ihren Stoffwechsel: 1 kg Muskulatur erhöht Ihren Energieumsatz um etwa 75 kcal pro Tag.

Die besten Trainingsmethoden

Ähnlich wie beim Ausdauertraining können auch beim Krafttraining unterschiedliche Trainingsmethoden angewandt werden.

Kraftausdauertraining	
Schwierigkeitsgrad/Intensität	leicht bis mittel
Wiederholungen	15 bis 30 / 30 bis 60 Sekunden (und mehr)
Pausen	20 bis 30 Sekunden
Durchgänge	3 bis 5
Trainingseffekte	• Verbesserung der Kraftausdauer • Muskelaufbau und Straffung der Muskulatur (geringer als bei Muskelaufbautraining) • Geringe Verbesserung des Herz-Kreislauf-Systems • Fettabbau • Vorbereitung auf höhere Belastungen

Muskelaufbautraining	
Schwierigkeitsgrad/Intensität	schwer bis sehr schwer
Wiederholungen	8 bis 15/ 20 bis 30 Sekunden
Pausen	2 bis 5 Minuten
Durchgänge	3 bis 5
Trainingseffekte	• Muskelzuwachs durch Verdickung der Muskelfasern • Verbesserung der Maximalkraft • Formveränderung durch Muskelaufbau • Geringer Fettabbau

Das Dehnprogramm

»Use it or lose it!« Unsere Beweglichkeit passt sich unseren Alltagsanforderungen an. Durch einseitige Beanspruchungen und Nichtgebrauch verlieren wir langfristig nicht nur an Kraft, sondern auch an Flexibilität. Mit zunehmendem Alter kommt es in der Muskulatur zur erhöhten Einlagerung von Bindegewebe und dadurch zu einem zusätzlichen Verlust an Beweglichkeit. Wer sich seine Flexibilität der Muskulatur erhalten möchte, sollte ein regelmäßiges Dehnprogramm absolvieren. Im Anhang des Buchs finden Sie Tests zur Beurteilung Ihrer Beweglichkeit (S. 138). Sie zeigen Ihnen, ob Sie bereits in Ihrer Flexibilität eingeschränkt sind.

So machen Sie es richtig

Wenn Sie Ihre Dehnfähigkeit effektiv verbessern wollen, sollten Sie etwa 2- bis 4-mal pro Woche dehnen. In der Sportpraxis finden unterschiedliche Dehntechniken Anwendung. Die einfachste und sicherste Methode ist das statische Dehnen:

- ➜ Gehen Sie dazu langsam in die beschriebenen Dehnpositionen, bis Sie ein Ziehen spüren, und halten Sie diese für etwa 30 bis 60 Sekunden.
- ➜ Wiederholen Sie die Dehnung insgesamt 3-mal je Seite.

Optimale Trainingswirkung erzielen Sie, wenn Sie das Dehnprogramm regelmäßig als zusätzliche kleine Trainingseinheit absolvieren. Die Muskulatur sollte unbedingt erwärmt sein. Nach einem Kraft- oder Ausdauertraining ist das bereits der Fall – das ist der ideale Zeitpunkt, Ihre Beweglichkeit zu verbessern.

Dehnung der Oberschenkelrückseite

Benützen Sie eine bequeme Unterlage. Gehen Sie zunächst in den Kniestand und stellen Sie ein Bein nach vorn auf. Das Kniegelenk dieses Beines ist leicht gebeugt. Atmen Sie gleichmäßig und ruhig. Verschränken Sie nun die Hände hinter dem Rücken und ziehen Sie die Schulterblätter aktiv nach unten. Beugen Sie nun Ihren Oberkörper nach vorn, bis Sie die Dehnung an der Oberschenkelrückseite spüren. Dehnen Sie nach drei Durchgängen die andere Seite.

Dehnung der Hüftbeugemuskulatur

Gehen Sie in den Kniestand. Das hintere Bein strecken Sie möglichst weit nach hinten. Das vordere Bein ist etwa im rechten Winkel gebeugt. Legen Sie die Hände locker auf das vordere Bein.

Drücken Sie nun die Hüfte schräg nach unten, bis Sie die Dehnung im vorderen Hüftbereich spüren. Halten Sie dabei das hintere Bein in einer Linie zum Körper und drehen Sie es nicht nach innen.

Dehnen Sie nach 3 Durchgängen die andere Seite. Kippen Sie während der Übung nicht passiv ins Hohlkreuz und atmen Sie ruhig und gleichmäßig.

Dehnung der Brustmuskulatur

Stellen Sie sich in einen Türrahmen, in der freien Natur können Sie auch einen Baum als »Trainingsgerät« nützen. Legen Sie einen oder beide Unterarme an den Rahmen und gehen Sie in eine leichte Schrittstellung.

Drücken Sie nun den Oberkörper etwas nach vorn. Kippen Sie dabei nicht ins Hohlkreuz, indem Sie die Bauchmuskulatur etwas anspannen. Sie spüren die Dehnung im Bereich der Brustmuskulatur.

Das Bewegungsprogramm von Rosi und Christian

- Leichtes und ausgewogenes Muskeltraining
- Kraftzirkel für Fortgeschrittene und Könner

Bevor es losgeht …

Die folgenden Übungsprogramme halten Ihren ganzen Körper fit und trainieren ausgewogen Ihren Bauch, Rücken, Beine und Arme. Anstelle der Pausen zwischen den einzelnen Durchgängen wechseln Sie unmittelbar zur nächsten Muskelgruppe. Auf diese Weise können Sie zeitsparend mehrere Übungen miteinander verknüpfen und verbrauchen durch die anhaltende Belastung mehr Energie.

Die Anzahl der Wiederholungen steigert den Trainingseffekt. Orientieren Sie sich zunächst am unteren Wert der Trainingsempfehlung und steigern Sie nach und nach die Wiederholungszahl bzw. die Übungsdauer.

Leichtes und ausgewogenes Muskeltraining

Übung 1: Kniebeuge
Ziel: Kräftigung der gesamten Beinmuskulatur
Intensität: 15 bis 20 Wiederholungen
Wechseln Sie anschließend zu Übung 2

Stellen Sie sich mit leicht gebeugten Knien breitbeinig auf und überkreuzen Sie die Arme vor Ihrem Körper. Achten Sie auf eine gerade Körperhaltung und drehen Sie die Fußspitzen etwas nach außen.

Gehen Sie tief in die Hocke, bis Ihre Knie etwa 90 Grad gebeugt sind. Achten Sie auf Ihre Beinachse: Fußspitze-Knie-Hüfte sollten eine Linie bilden. Ihre Knie dürfen nicht über die Fußspitzen hinausragen.

Übung 2: Flieger

Ziel: Kräftigung der gesamten Rückenmuskulatur

Intensität: 20 bis 40 Sekunden

Wechseln Sie anschließend zu Übung 3

Knien Sie sich hüftbreit auf eine bequeme Unterlage. Neigen Sie Ihren Oberkörper bis zur Waagerechten nach vorn und strecken Sie die Arme nach hinten. Blicken Sie nach unten und halten Sie Ihren Kopf in Verlängerung der Wirbelsäule.

Halten Sie Ihren Rücken gerade und bewegen Sie nun Ihre gestreckten Arme gegengleich zügig nach unten und oben. Stabilisieren Sie dabei die Wirbelsäule und halten Sie den Oberkörper ruhig. Achten Sie auf eine gleichmäßige Atmung.

Übung 3: Vierfüßler-Stütz

Ziel: Kräftigung der Bauchmuskulatur und des Schultergürtels

Intensität: 20 bis 40 Sekunden

Wechseln Sie anschließend zu Übung 4

Stützen Sie sich nun mit den Armen am Boden ab. Überstrecken Sie nicht Ihre Arme und halten Sie die Ellbogen leicht gebeugt. Der Kopf ist in Verlängerung der Wirbelsäule.

Ziehen Sie die Bauchdecke leicht ein und heben Sie mit dem Ausatmen Ihre Knie minimal vom Boden ab. Die Stellung des Rumpfes bleibt dabei unverändert. Halten Sie die Spannung der Bauchmuskulatur und kippen Sie nicht ins Hohlkreuz.

Übung 4: Liegestütz

Ziel: Kräftigung der Brustmuskulatur und des Schultergürtels

Intensität: 15 bis 20 Wiederholungen

Wechseln Sie anschließend wieder zu Übung 1. Absolvieren Sie auf diese Weise 3 bis 5 »Zirkel« .

Verlagern Sie nun das Gewicht etwas weiter nach vorn. Setzen Sie Ihre Hände unterhalb der Schultern auf und heben Sie Ihre Füße überkreuzt vom Boden ab. Halten Sie die Ellbogen leicht gebeugt und den Kopf in Verlängerung der Wirbelsäule.

Senken Sie beim Einatmen den Oberkörper langsam Richtung Boden, ohne ganz abzusetzen. Der Ober- und Unterarm bilden dabei einen rechten Winkel. Mit der Ausatmung drücken Sie sich nach oben. Ziehen Sie die Bauchdecke etwas ein und kippen Sie nicht ins Hohlkreuz. Achten Sie auf eine fließende Bewegung und vermeiden Sie ruckartige Bewegungen.

Kräftigungsprogramm für Fortgeschrittene und Könner

Übung 1: Einbeinige Kniebeuge
Ziel: Kräftigung der gesamten Beinmuskulatur
Intensität: 15 bis 20 Wiederholungen
Wechseln Sie anschließend zu Übung 2.

Machen Sie mit dem rechten Bein einen weiten Ausfallschritt nach vorn und überkreuzen Sie die Arme hinter dem Körper.

Halten Sie Ihren Rücken gerade und beugen Sie beide Beine etwas ein. Heben Sie dabei die hintere Ferse vom Boden ab. Beugen Sie nun beide Beine und gehen Sie in die Hocke, bis das rechte Knie knapp über dem Boden ist. Halten Sie während der gesamten Übung Ihren Oberkörper aufrecht. Trainieren Sie nacheinander beide Seiten.

Übung 2: »Kraulen«

Ziel: Kräftigung der gesamten Rückenmuskulatur und des Schultergürtels

Intensität: 15 bis 20 Wiederholungen

Wechseln Sie anschließend zu Übung 3.

Knien Sie sich auf eine bequeme Unterlage. Die Beine stehen dabei hüftbreit und Ihre Füße sind aufgestellt. Neigen Sie sich so weit nach vorn, bis Ihr Oberkörper sich in der Waagrechten befindet. Halten Sie Ihren Kopf in Verlängerung der Wirbelsäule und strecken Sie gleichzeitig den rechten Arm nach vorn und den linken nach hinten. Ziehen Sie dabei die Schulterblätter in Richtung Gesäß und drehen Sie die Arme mit den Handflächen nach innen.

Halten Sie Ihr Gleichgewicht und wechseln Sie nun die Arme. Ziehen Sie während der Übung Ihre Bauchdecke leicht ein und halten Sie Ihren Rumpf möglichst stabil. Atmen Sie dabei gleichmäßig ein und aus.

Übung 3: Liegestütz

Ziel: Kräftigung der Brust-, Schulter-, Armmuskulatur. Zusätzliche Aktivität der Rumpfmuskulatur

Intensität: 15 bis 20 Wiederholungen

Wechseln Sie anschließend zu Übung 4.

Stützen Sie sich mit leicht gebeugten Armen auf Ihre Hände und Ihre Fußspitzen. Die Hände werden unterhalb der Schultern aufgesetzt. Ihr gesamter Körper ist unter Spannung und bildet eine Linie.

Beugen Sie die Arme und senken Sie den Körper Richtung Unterlage, ohne ganz abzusetzen. Blicken Sie dabei zum Boden und kippen Sie nicht ins Hohlkreuz. Für eine korrekte Ausführung muss der Rumpf aktiv stabilisiert werden.

Übung 4: Rumpfstabilisation

Ziel: Kräftigung der gesamten Rumpfmuskulatur, v.a. Bauchmuskulatur. Zusätzliche Aktivität der Schulter- und Beinmuskulatur

Intensität: 20 bis 40 Sekunden

Wechseln Sie anschließend zu Übung 5.

Legen Sie sich auf den Bauch und stützen Sie sich mit den Unterarmen vom Boden ab. Stellen Sie Ihre Füße auf und ziehen Sie die Bauchdecke leicht ein. Halten Sie Ihren Rücken stabil und heben Sie wechselseitig das linke und rechte Bein etwa eine Fußlänge vom Boden ab. Das Becken darf dabei seine Position nicht verändern.

Heben Sie nun mit dem Ausatmen das Becken an, bis Ihr Körper eine Linie bildet. Ziehen Sie die Bauchdecke ein und kippen Sie nicht ins Hohlkreuz. Die Spannung der Bauchmuskulatur stabilisiert aktiv den Rumpf. Halten Sie den Kopf in Verlängerung der Wirbelsäule.

Übung 5: Seitstütz

Ziel: Kräftigung der gesamten seitlichen Rumpfmuskulatur, zusätzliche Aktivität der Hüft- und Beinmuskulatur

Intensität: 20 bis 40 Sekunden

Wechseln Sie anschließend zu Übung 6.

Legen Sie sich auf die Seite und stützen Sie sich mit dem oberen Arm vor dem Körper ab. Ihr gesamter Körper bildet dabei eine Linie. Aktivieren Sie Ihre Bauchmuskulatur, indem Sie Ihre Bauchdecke etwas einziehen.

Heben Sie nun beim Ausatmen beide Beine gestreckt vom Boden ab. Der Rumpf ist stabil und die Fußspitzen zeigen nach vorn.

Wechseln Sie nach jedem Durchgang auf die andere Seite.

Übung 6: Diagonaler Crunch – »echt schräg«

Ziel: Kräftigung der schrägen Bauchmuskulatur

Intensität: 15 bis 20 Wiederholungen je Seite

Wechseln Sie anschließend wieder zu Übung 1.

Absolvieren Sie auf diese Weise 3 bis 5 »Zirkel«.

Legen Sie sich auf den Rücken und winkeln Sie die Beine an. Stellen Sie den rechten Fuß auf das linke Knie. Strecken Sie den rechten Arm zur Seite und unterstützen Sie mit der linken Hand das Hinterhaupt. Heben Sie nun den Oberkörper etwas von der Unterlage ab.

Rollen Sie nun beim Ausatmen den Oberkörper ein und drehen Sie sich zur rechten Seite. Ziehen Sie mit den Händen nicht am Kopf und üben Sie mit langsamer und fließender Bewegung.
Trainieren Sie beide Seiten.

3 Mit Sport gesund werden

Sport als Medizin

Wenn man zukünftig im Internet unter dem Stichwort »Meilensteine der Medizin« nachschaut, wird man vielleicht Folgendes finden:

330 vor Christus: Griechische Ärzte verfassen den hippokratischen Eid.
1804: Entdeckung des Morphiums als Schmerzmittel.
1873: Entdeckung des Lepraerregers.
1895: Entdeckung der Röntgenstrahlen.
1928: Entdeckung der Wirkung von Penicillin.
Beginn des 21. Jahrhunderts: Entdeckung des Sports als Heilmittel.

Auch wenn die Auflistung etwas provokant klingt, so ist die Bedeutung des Sports in der Heilung von Krankheiten durchaus vergleichbar mit der Entwicklung von diversen chemisch definierten Medikamenten oder anderen medizinischen Errungenschaften.
Der Sport erfüllt inzwischen nahezu alle Kriterien, die an ein modernes Medikament gestellt werden: Er hat seine Wirksamkeit bei vielen Erkrankungen bewiesen. Wir wissen heute, wie diese Wirkung zustande kommt, und wir kennen die Dosierung, in der das Medikament Sport verabreicht werden muss. Dabei gilt für den Sport wie für jedes andere Medikament: Eine zu geringe Dosis bleibt wirkungslos, eine zu hohe Dosierung schadet. Nur die optimale Dosis erzeugt die gewünschte Wirkung!
In der Praxis bedeutet das: Abkehr vom Prinzip der Schonung in vielen Bereichen der Medizin. Wurde früher Patienten nach einem Herzinfarkt, Patienten mit Asthma oder Krebserkrankungen Schonung auferlegt, weiß man heute, dass eine gezielte körperliche Aktivität den Therapieverlauf positiv beeinflusst und insbesondere die Lebensqualität der Patienten deutlich steigert.
Es bleibt die Frage, warum so viele Menschen das Medikament Sport nicht nutzen. Nur 40 % aller Herzinfarktpatienten nehmen überhaupt Kontakt zu einer Herzsportgruppe auf. Davon bleiben wiederum nur 50 % länger als ein Jahr dabei. Die Mitgliederzahlen in Vereinen und Fitnessstudios sind beeindruckend – stehen jedoch leider nur auf dem Papier. Diejenigen, die tatsächlich regelmäßig Sport betreiben, sind in der Minderzahl. Woran liegt es also dann, dass das Medikament Sport nicht ausreichend genutzt wird? Zunächst sicherlich am Wissen darum, dass der Sport dieses Potenzial überhaupt hat. Ein weiterer Grund dafür, dass das Medikament Sport nicht genutzt wird, ist sicherlich auch die mangelnde Motivation. Bei kranken Menschen kommt neben dem inneren

Schweinehund sicherlich noch ein weiterer wichtiger Faktor hinzu: die Angst, die Krankheit könnte sich verschlimmern. Diese Angst ist allerdings unbegründet, wenn einige Vorgaben beachtet werden und der Sport individuell in der richtigen Dosierung eingesetzt wird.

Auf den folgenden Seiten finden sich Informationen zu wichtigen Krankheiten und gesundheitlichen Problemen. Es werden die wichtigsten Krankheitsbilder dargestellt, die in der Praxis der Sporttherapie die größte Bedeutung haben und für die klare wissenschaftliche Ergebnisse für einen Nutzen des Sports als Therapie existieren. Bei jeder Krankheit wird geklärt: Worum handelt es sich? Welche therapeutische Wirkung hat der Sport? Wie sollten Menschen trainieren, die diese gesundheitlichen Probleme haben? Hierbei wird versucht, möglichst konkrete Hinweise zum Training zu geben. Da bei Erkrankungen zum Teil recht unterschiedliche Voraussetzungen und Umfeldbedingungen vorhanden sind, ersetzen diese Vorschläge jedoch im Einzelfall nicht den individuellen ärztlichen Rat.

Asthma

Asthma bronchiale ist eine chronisch-entzündliche Erkrankung der Atemwege. Es ist gekennzeichnet durch eine Überreaktion der Atemwege auf verschiendenste Reize. Durch diese Überreaktion kommt es zu einer vermehrten Schleimbildung und einer Verkrampfung der Atemmuskulatur. Das typische Beschwerdebild bei einem Asthmaanfall ist die Atemnot. Das Asthma beginnt oft schon im Kindesalter und ist die häufigste chronische Erkrankung in diesem Lebensabschnitt. In Deutschland sind etwa 5 % der Erwachsenen und bis zu 10 % der Kinder betroffen.

Grundsätzlich wird ein allergisches und ein nicht-allergisches Asthma unterschieden. Beim allergischen Asthma findet sich meist eine Reaktion auf bestimmte Stoffe aus der Umwelt, wie tierische Eiweiße (z.B. Kuhmilch), Katzenhaare, Nahrungsmittel wie Obst oder Fisch, Schimmelpilze oder Blütenpollen. Die »Laufbahn« eines Asthmatikers beginnt häufig schon im Kindesalter zum Teil auch mit verwandten Erkrankungen wie Hautekzemen und Heuschnupfen. Häufig nimmt die Problematik der Lungenerkrankung im Verlauf der Jahre zu. Zum Teil finden sich aber auch Verläufe, bei welchen die Erkrankung der Kindheit und Jugendzeit komplett ausheilt.

Nicht selten spielt beim Asthmakranken auch eine psychische Komponente eine gewisse Rolle. Psychische Labilität kann die Anfallsneigung verstärken, umgekehrt kann eine Asthmakrankheit durch die Angst vor Anfällen auch in eine psychische Labilität hineinführen, sodass ein Teufelskreis entsteht. Die Anfälle sind in aller Regel gut beherrschbar und durch Medikamente rasch zu therapieren.

Sport bewirkt bei Asthmatikern eine Abnahme der belastungsbedingten Atemnot. Die Leistungsfähigkeit und das Wohlbefinden verbessern sich.

Sport und Asthma

Dem Sport kommt bei der Asthmaerkrankung eine besondere Bedeutung zu: Einerseits kann durch zu intensive körperliche Belastung ein Asthmaanfall ausgelöst werden (Anstrengungsasthma), andererseits hat der Sport auch wichtige therapeutische Effekte. Wie bei Gesunden auch, verbessert körperliches Training bei Asthmatikern die Sauerstoffaufnahme und -verwertung, die Muskulatur inklusive der Atemmuskulatur wird gekräftigt, die allgemeine Leistungsfä-

higkeit steigt. Der wichtigste Effekt der sportlichen Betätigung für den Asthmatiker: Die belastungsbedingte Atemnot nimmt ab, das Wohlbefinden steigt. Bezüglich der Art des Sports bestehen bei gut behandeltem leichtem Asthma praktisch keine Einschränkungen. Auch Patienten mit mittelschwerem und schwerem Asthma müssen und sollten auf körperliche Betätigung nicht verzichten. Schon ein kleiner Spaziergang täglich verbessert die Leistungsfähigkeit.

Therapeutisch gut eingestellte Asthmatiker können sogar erfolgreich Leistungssport betreiben.

Das Training für Asthmapatienten

Die Diagnose Asthma ist kein Grund, Sport zu meiden. Mancher Asthmatiker verfügt über eine erstaunliche Leistungsfähigkeit und gut eingestellt ist sogar eine Teilnahme am Leistungssport möglich. Für das Training von Asthmapatienten empfehlen sich in erster Linie die Ausdauersportarten. Für den Einstieg eignet sich insbesondere Ergometertraining. Hierbei finden sich günstige, standardisierte Umgebungsbedingungen und die Belastung ist stets gut dosierbar. Neben Nordic Walking, Laufen oder Fahrradfahren kann durchaus auch Schwimmen empfohlen werden. Hier sollte allerdings auf relativ warmes Wasser und eine geringe Chlorbelastung geachtet werden. Bei den Freiluftsportarten sollten Belastungen bei extrem kalter Luft vermieden werden, da hierdurch vermehrt Asthmaanfälle ausgelöst werden.
Auch Spielsportarten können meist ohne Probleme durchgeführt werden. Die intervallartige Belastung im Bereich von 1 bis 2 Minuten verursacht im Regelfall keine Probleme.

Eine optimale Medikamenteneinstellung ist die wichtigste Voraussetzung für sicheres und erfolgreiches Sporttreiben.

Auf was ist zu achten?

- Voraussetzung für Sport mit Asthma ist, dass die Krankheit optimal medikamentös eingestellt ist.
- Patienten mit Anstrengungsasthma sollten vor dem Sport ihr Medikament inhalieren. Die anstrengungsbedingte Atemnot lässt sich dadurch in der Regel zuverlässig verhindern.
- Die Intensität der Ausdauerbelastung sollte so gewählt werden, dass keine Anfälle ausgelöst werden. Wo diese Intensität liegt, muss individuell ausgetestet werden. Hierzu sollte ein Belastungstest beim Arzt durchgeführt werden.
- Als grobe Orientierung gilt der Bereich von 60 bis 70 % der maximalen Herzfrequenz (MHF).

Werden diese Voraussetzungen erfüllt, steht einem regelmäßigen Ausdauertraining nichts im Weg.

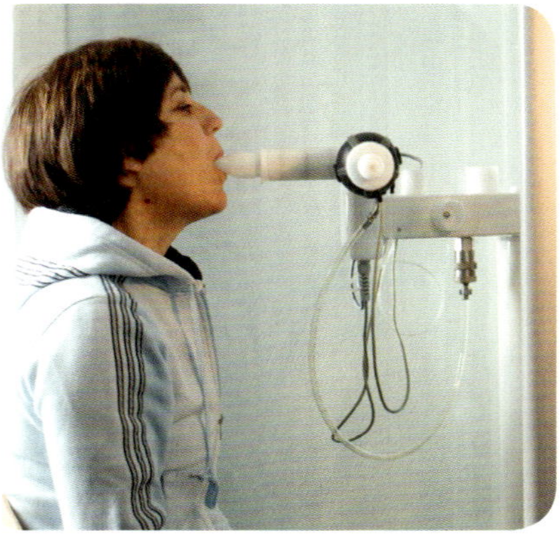

ANFÄNGER:			
Tag	Sportart	Dauer	Intensität
Mo			
Di			
Mi	Schwimmen	30 Min.	60 bis 70 %
Do			
Fr			
Sa			
So	Nordic Walking	30 Min.	60 bis 70 %

GEÜBTE:			
Tag	Sportart	Dauer	Intensität
Mo			
Di		60 Min.	60 bis 70 %
Mi			
Do	Schwimmen	40 Min.	60 bis 70 %
Fr			
Sa			
So	Nordic Walking	40 Min.	60 bis 70 %

FORTGESCHRITTENE:			
Tag	Sportart	Dauer	Intensität
Mo			
Di	Nordic Walking	40 Min.	60 bis 70 %
Mi			
Do	Radfahren	60 Min.	60 bis 70 %
Fr			
Sa	Schwimmen	40 Min.	60 bis 70 %
So	Nordic Walking	60 Min.	60 bis 70 %

Bluthochdruck

Unter arteriellem Bluthochdruck, der sogenannten arteriellen Hypertonie, versteht man eine ständige oder auch nur zeitweise auftretende Erhöhung des Blutdrucks. Bluthochdruck ist in Deutschland eine Volkskrankheit! Davon sind in Deutschland etwa 20 % der Bevölkerung betroffen. Ab dem 50. Lebensjahr hat fast jeder Zweite zu hohe Blutdruckwerte. An den Folgen sterben in Deutschland im Jahr mehrere Hunderttausend Menschen.

Grundsätzlich lässt sich die primäre oder essenzielle Hypertonie von der sekundären Hypertonie unterscheiden. Von sekundärem Bluthochdruck wird gesprochen, wenn der erhöhte Druck die Folge einer anderen Erkrankung ist (z.B. Nieren- oder Gefäßerkrankungen, Störungen im Hormonhaushalt). Nur etwa 10 % aller Fälle von Bluthochdruck liegt eine bekannte organische Erkrankung zugrunde. Die meisten Patienten haben einen primären Bluthochdruck. In diesen Fällen lässt sich keine einzelne organische Ursache für die Blutdruckerhöhung finden. Das heißt jedoch nicht, dass es keine Ursache gibt. Vielmehr sind zahlreiche Risikofaktoren bekannt, welche als mit verantwortlich für den erhöhten Blutdruck gelten. Zu den Risikofaktoren für Bluthochdruck gehören: eine familiäre Neigung, Übergewicht, Rauchen, zu hoher Salzkonsum, übertriebener Alkoholkonsum, Bewegungsmangel und auch Stress.

Folgende Tabelle zeigt die normalen und krankhaften Bereiche des Blutdrucks nach der Definition der Weltgesundheitsorganisation (WHO).

Kategorie	Systole (mmHg)	Diastole (mmHg)
Optimal	unter 120	unter 80
Normal	unter 130	unter 85
Hoch bis normal	130 bis 139	85 bis 89
Hypertonie Grad 1 (leicht)	140 bis 159	90 bis 99
Hypertonie Grad 2 (mäßig)	160 bis 179	100 bis 109
Hypertonie Grad 3 (schwer)	über 180	über 110

Ein auf Dauer erhöhter Blutdruck zerstört mit der Zeit die Gefäßwände der Arterien. Es kommt zu Ablagerungen, die zunächst den Blutfluss behindern. Organe, zum Beispiel das Herz, werden hierdurch unterversorgt und sind weniger leistungsfähig. Irgendwann können solche Gefäße völlig verschließen, sodass es je nach Gefäß zu einem akuten Sauerstoffmangel kommen kann, zum Beispiel im Gehirn (Schlaganfall), dem Herz (Herzinfarkt) oder der Niere (akutes Nierenversagen).

Viele Menschen kennen ihren Blutdruck nicht oder nehmen einen bekannten Bluthochdruck nicht ernst. Das liegt sicherlich daran, dass ein erhöhter Blutdruck zunächst keine wesentlichen Beschwerden, keine Schmerzen verursacht. Der erhöhte Blutdruck ist ein »Mörder auf leisen Sohlen«. Erst wenn Folgeschäden an den Organen entstanden sind, kommen die Symptome. Dann ist es aber häufig zu spät. Der Schaden ist bereits eingetreten. Ein dauerhaft erhöhter Blutdruck muss also effektiv gesenkt werden.

Körperliche Aktivität ist unverzichtbarer Teil der Lebensstiländerung.

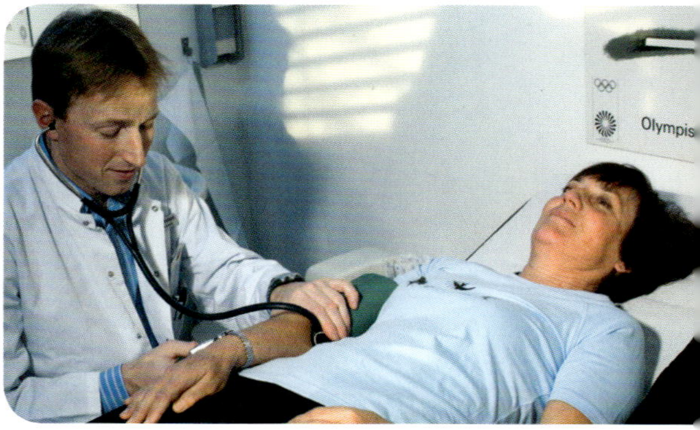

Zentraler Punkt ist hier die Änderung des Lebensstils: Wenn es gelingt, die Risikofaktoren wie Übergewicht, Rauchen, Salzkonsum, Alkohol, Bewegungsmangel und Stress zu reduzieren oder auszuschalten, wird sich in den meisten Fällen der Blutdruck verbessern. In vielen Fällen kann sogar komplett auf Medikamente verzichtet werden – besprechen Sie mit Ihrem Arzt, welche Chancen Ihnen die Bewegung als Therapie bietet.

Sport und Bluthochdruck

Therapeutische Wirkung

Ein regelmäßiges körperliches Training ist in der Lage, den Blutdruck um bis zu 10 mmHg systolisch und etwa 5 mmHg diastolisch zu senken. Dies konnte in zahlreichen Untersuchungen zum Thema Sport und Bluthochdruck nachgewiesen werden.

Sport ist damit ähnlich effektiv wie die Einnahme eines einzelnen Blutdruckmedikaments. Die direkte Wirkung kommt durch eine Reduzierung des Gefäßwiderstands, eine Weiterstellung der Gefäße und eine höhere Sensibilität der Nerven zustande, die den Blutdruck registrieren. Neben diesen direkten Wirkungen kann ein Trainingsprogramm auch andere Risikofaktoren reduzieren, was wiederum zu einer zum Teil deutlichen Senkung des Blutdrucks führen kann. Wer zum Beispiel übergewichtig ist und sein Körpergewicht durch Sport reduziert, senkt mit jedem Kilo weniger seinen Blutdruck. Weitere indirekte Wirkungen eines Trainingsprogramms sind Kochsalzverlust durch Schweißbildung, Verbesserung des Cholesterinwertes, positive Auswirkung auf den Blutzuckerspiegel. Zusätzlich kommt es im vegetativen System zu einer Dämpfung des aktivierenden Anteils, des Sympathikus – Stress wird abgebaut! Wenn jemand also leicht übergewichtig ist, ständig unter Stress steht und sich schlecht ernährt, kann er durch Sport seinen Blutdruck sogar um 10 bis 15 mmHg systolisch und 5 bis 10 mmHg diastolisch reduzieren.

Sport ist – regelmäßig betrieben – ähnlich effektiv wie die Einnahme eines einzelnen Blutdruckmedikaments.

Das Training für Menschen mit Bluthochdruck

Wenn es um die Praxis geht, stellt sich zunächst die Frage, welche Sportart die geeignete ist. Die meisten Untersuchungen liegen zum Ausdauertraining vor. Sportarten wie Walking, Jogging, Radfahren oder Schwimmen können für Bluthochdruckerkrankte durchweg empfohlen werden, solange die Belastungsintensität im niedrig-intensiven Bereich liegt. Auch ein Krafttraining, das im leichten bis mittleren Belastungsbereich durchgeführt wird, hat positive Auswirkungen auf den Blutdruck. Mannschaftsspiele, die mit geringer Intensität durchgeführt werden, können ebenfalls empfohlen werden. Ungeeignet sind alle Sportarten mit hoher und höchster Belastungsintensität sowie Sportarten bei denen die Gefahr einer Pressatmung besteht. Hier kann der Blutdruck unkontrolliert ansteigen.

Wichtiger noch als die Wahl der Sportart ist die richtige Steuerung der Intensität der Belastung. Dies kann heute sehr einfach über die Messung der Herzfrequenz durchgeführt werden. Um die Bereiche für einen optimalen Trainingseffekt zu bestimmen, sollte beim Arzt eine Belastungsuntersuchung durchgeführt werden. Während einer kontinuierlichen Belastungszunahme, z. B. auf dem Fahrradergometer, werden parallel der Blut-

druck und die Herzfrequenz erfasst. Der Arzt kann so eine Belastungsobergrenze vorgeben, die dann mittels im Sport üblicher Pulsmessgeräte kontrolliert werden kann.

Wer seine Trainingsbereiche genau wissen will, sollte bei seinem Arzt nach der Möglichkeit einer Laktatuntersuchung fragen – mit dieser Methode können die Herzfrequenzbereiche für das Training sehr genau festgelegt werden. Eine gezielte Herzfrequenzvorgabe ist umso mehr zu empfehlen, wenn blutdrucksenkende Medikamente eingenommen werden. Diese haben gelegentlich auch eine herzfrequenzsenkende Wirkung, sodass allgemeine Trainingsempfehlungen, wie z. B. Trainingsherzfrequenz = 180 – Lebensalter, nicht angewendet werden können. Um einen messbaren therapeutischen Nutzen zu erzielen, muss in jedem Fall regelmäßig trainiert werden. In den allgemeinen Leitlinien zur Behandlung des Bluthochdrucks wird ein 3- bis 5-maliges Bewegungsprogramm pro Woche über 20 bis 60 Minuten empfohlen. Viele Studien wurden auch mit einem 60-minütigen aeroben Ausdauertraining an nur 2 bis 3 Tagen pro Woche durchgeführt und zeigten ebenso positive Effekte. Die Unterschiede in Bezug auf die Häufigkeit und den Umfang der einzelnen Trainingseinheiten ist für die blutdrucksenkende Wirkung des Sports eher zweitrangig. Insgesamt sollten 3 bis 4 Stunden zusätzliche Bewegung pro Woche erreicht werden. Entscheidend ist, dass Sie langfristig und regelmäßig trainieren, um die gewünschten Anpassungen zu erreichen.

Ob Sie an 7 Tagen jeweils 30 Minuten aktiv sind oder an 3 Tagen immer eine Stunde trainieren, ist für die Blutdrucksenkung zweitrangig – wichtig ist, dass Sie sich bewegen, und zwar regelmäßig!

Fettstoffwechsel-störungen

Im medizinischen Sinne versteht man unter Fettstoffwechselstörungen erhöhte Blutfettwerte, vor allem der sogenannten Triglyceride und des Cholesterins. Triglyceride dienen als Energieträger. Als sogenannte freie Fettsäuren können diese in der Muskulatur verbrannt werden. Das Cholesterin ist ein wichtiger Baustoff für die Zellmembranen und dient als Ausgangsstoff für wichtige Hormone. Sowohl Triglyceride als auch das Cholesterin sind für den Menschen lebensnotwendig. Zu Störungen im Fettstoffwechsel und in der Folge zu Erkrankungen kommt es nur, wenn diese beiden Fette in zu hoher Konzentration bzw. in einer falschen Zusammensetzung im Blut vorhanden sind. Beim Cholesterin ist die Unterscheidung in ein »gutes« HDL-Cholesterin und ein »schlechtes« LDL-Cholesterin bekannt.

Das gute Cholesterin hat eine gefäßschützende Wirkung, das schlechte ist gefäßschädigend. Bei Fettstoffwechselstörungen ist die Konzentration des guten HDL-Cholesterins zu gering, die des schlechten LDL-Cholesterins zu hoch. Die Folgen eines dauerhaft gestörten Fettstoffwechsels sind schwerwiegend. Die wichtigste Folgeerkrankung der Fettstoffwechselstörung ist die Arteriosklerose. Dabei entstehen z.B. durch zusätzliche Risikofaktoren wie Bluthochdruck kleinste Verletzungen an den Gefäßwänden. An diesen Stellen lagert sich das schlechte LDL-Cholesterin ab und führt zu einer Verengung der Gefäße. Es kann zu einer Mangeldurchblutung und irgendwann zu einem völligen Verschluss des Gefäßes kommen. Herzinfarkt, Schlaganfall oder die arterielle Verschlusskrankheit (Durchblutungsstörungen der Beine) sind die Folge.

Ursache einer Fettstoffwechselstörung ist in den allermeisten Fällen eine zu kalorien- und fettreiche Ernährung, kombiniert mit einem zu geringen Maß an körperlicher Aktivität.

> **INFO**
>
> Zu viele Kalorien und zu wenig Bewegung sind in den meisten Fällen die Ursache für eine Fettstoffwechselstörung.

Diese kann durch ungünstige Erbanlagen noch verstärkt werden. Man geht heute davon aus, dass etwa jeder zweite Deutsche zu hohe LDL-Cholesterinwerte hat. In einigen Fällen ist die Fettstoffwechselstörung ausschließlich genetisch bedingt. Selbst bei optimaler Ernährung haben diese Menschen einen sehr hohen Cholesterinspiegel. Schließlich kann eine Fettstoffwechselstörung auch Folge einer anderen Erkrankung, wie der Blutzuckerkrankheit, der Schilddrüsenunterfunktion oder einer Lebererkrankung, sein.

Sport und Fettstoffwechselstörungen

Therapeutische Wirkung

Es ist heute gesichert, dass regelmäßige körperliche Aktivität zusammen mit einer konsequenten Ernährungsumstellung die wesentlichen therapeutischen Maßnahmen bei Fettstoffwechselstörungen darstellen. Die entscheidende Wirkung ist eine Senkung des Triglyceridspiegels und vor allem eine Abnahme des »schlechten« LDL-Cholesterins sowie eine Zunahme des »guten« HDL-Cholesterins. In unterschiedlichen Studien wurde ein Anstieg des HDL-Spiegels um bis zu 30 % und eine Abnahme des Triglyceridspiegels um fast 40 % gemessen. Es scheint so zu sein, dass der Nutzen der körperlichen Aktivität umso größer ist, je schlechter die Blutfettwerte sind.

Ursächlich für diese positiven Veränderungen sind in erster Linie eine Zunahme fettverbrennender Enzyme, eine Zunahme der Verbrennung freier Fettsäuren in der arbeitenden Muskulatur sowie eine Abnahme der Fettdepots. Wird die Ernährung optimiert und konsequent Sport getrieben, kann in vielen Fällen auf eine medikamentöse Behandlung verzichtet werden.

> **INFO**
>
> Sport kann bei Fettstoffwechselstörungen in vielen Fällen eine medikamentöse Therapie ersetzen!

Das Training für Menschen mit Fettstoffwechselstörungen

Um einen messbaren Effekt auf die erhöhten Blutfettwerte zu erreichen, ist zunächst ein hoher Energieumsatz erforderlich. Pro Woche sollten mindestens 2.000 kcal, besser 3.000 kcal durch zusätzliche sportliche Aktivitäten verbrannt werden. Das entspricht einem Zeitaufwand von etwa 4 bis 6 Stunden pro Woche. Als besonders effektiv sind lange Ausdauereinheiten mit geringen Belastungsintensitäten anzusehen. Entscheidender Faktor ist, dass der maximale Effekt auf die Fettverbrennung durch eine lange Trainingsdauer mit niedriger Intensität zustande kommt. Kürzere Einheiten aktivieren zwar ebenso den Fettstoffwechsel, die Menge der verbrannten Fette ist jedoch geringer. Es sollte also mittelfristig eine Trainingsdauer von mindestens einer Stunde angestrebt werden. Ideal sind auch mehrstündige Belastungen wie eine Radtour oder eine Bergwanderung. Diese lange Trainingszeit ist im Regelfall auch für den Anfänger problemlos zu realisieren, wenn die Intensität des Trainings entsprechend gering gehalten wird. Sinnvoll ist es, die Trainingsbereiche in einem sogenannten Laktattest individuell bestimmen zu lassen. Dieser Test wird inzwischen von vielen Ärzten, medizinischen Einrichtungen und Fitnessstudios angeboten. Um die niedrige Intensität des Trainings zu realisieren, ist es gerade für Anfänger entscheidend, die richtigen Ausdauersportarten auszuwählen. So ist es zum Beispiel beim Nordic Walking auch dem Ungeübten möglich, seine Herzfrequenz, als Ausdruck der Belastung, auf entsprechend niedrigem Niveau zu halten.

Wenn Sie also dem Fett im Blut den Kampf ansagen – dann richtig. Das lange, ruhige Ausdauertraining ist die beste Waffe!

Im Folgenden finden Sie drei unterschiedliche Trainingspläne: für Anfänger, Geübte und Fortgeschrittene. Wenn Sie Anfänger sind, beginnen Sie mit dem ersten Trainingsplan. Steigern Sie sich innerhalb von 3 bis 4 Monaten auf den nächsten Plan und versuchen Sie innerhalb eines halben bis ganzen Jahres die Stufe des Fortgeschrittenen zu erreichen. Die Intensität des Trainings ist in % der maximalen Herzfrequenz angegeben:

ANFÄNGER:			
Tag	Sportart	Dauer	Intensität
Mo			
Di			
Mi	Nordic Walking	40 Min.	60 bis 70 %
Do			
Fr	Nordic Walking	40 Min.	70 bis 75 %
Sa			
So	Radfahren	60 Min.	60 bis 70 %

GEÜBTE:			
Tag	Sportart	Dauer	Intensität
Mo			
Di			
Mi	Inline-skating	45 Min.	ca 70 %
Do	Nordic Walking	60 Min.	60 bis 70 %
Fr			
Sa	Nordic Walking	45 Min.	70 bis 75 %
So	Radfahren	90 Min.	60 bis 70 %

FORTGESCHRITTENE:			
Tag	Sportart	Dauer	Intensität
Mo			
Di	Inline-skating	60 Min.	70 bis 75 %
Mi	Nordic Walking	90 Min.	60 bis 70 %
Do			
Fr	Schwimmen	45 Min.	60 bis 70 %
Sa	Nordic Walking	60 Min.	70 bis 75 %
So	Radfahren	120 Min.	60 bis 70 %

Gelenkverschleiß

Unter Gelenkverschleiß oder Arthrose wird eine abnutzungsbedingte Gelenkerkrankung verstanden. Betroffen ist zunächst der Gelenkknorpel, im fortgeschrittenen Stadium dann auch der Knochen. Der Verschleiß eines Gelenks ist im Prinzip ein normaler Vorgang im Rahmen des Alterns. Etwa 6 % der Gesamtbevölkerung, 75 % der über 50-Jährigen und 90 % aller über 70-Jährigen haben aufgrund des Gelenkverschleißes allerdings Beschwerden. Diese Zahlen lassen bereits erahnen, dass die Arthrose in gewisser Weise ein natürlicher Prozess ist und demnach auch nicht umkehrbar oder heilbar. Die entscheidende Frage ist: Verursacht die Arthrose Beschwerden oder nicht? Es gibt nicht wenige Menschen, die einen auf dem Röntgenbild sichtbaren Gelenkverschleiß haben, jedoch keinerlei Beschwerden.

Ursächlich für die Schmerzen beim Gelenkverschleiß ist immer ein Missverhältnis zwischen Belastung und Belastbarkeit. Ist die Belastbarkeit des Gelenks bzw. des Gelenkknorpels normal, aber die Belastung z. B. durch Übergewicht, Sport oder Beruf dauerhaft zu hoch, kommt es zu Problemen. Andererseits können auch Probleme entstehen, wenn die Belastung im Alltag völlig normal, die Belastbarkeit des Gelenkknorpels jedoch herabgesetzt ist. Das ist zum Beispiel nach Verletzungen oder durch eine erblich bedingte Minderbelastbarkeit des Knorpels der Fall. Wenn es gelingt, Belastung und Belastbarkeit im Gleichgewicht zu halten, verursacht der Gelenkverschleiß in der Regel keine Beschwerden und kann als normaler Alterungsprozess verstanden werden.

INFO

Bewegungsmangel kann nicht nur die Entstehung von Knorpelschäden begünstigen, sondern er kann auch bei einem schon vorhandenen Knorpelschaden zu einer weiteren Verschlechterung des Krankheitsbildes führen.

Grundsätzlich können alle Gelenke von einer Arthrose betroffen sein. Am häufigsten findet sie sich jedoch am Knie- und Hüftgelenk. Auch die sogenannten kleinen Gelenke der Wirbelsäule sind oft betroffen.

Die Arthrose wird in vier verschiedene Grade unterteilt:

- Grad 1: Die Knorpeloberfläche ist weich, aber noch nicht geschädigt.
- Grad 2: Die Knorpeloberfläche ist aufgeraut, es finden sich leichte Schäden in der Knorpelzellstruktur.
- Grad 3: Die Knorpelschäden gehen bis zum darunterliegenden Knochen.
- Grad 4: Der Knorpel ist völlig zerstört, der darunterliegende Knochen liegt frei.

Entsprechend den obigen Ausführungen kann es sein, dass Betroffene mit Grad 2 bereits starke Schmerzen haben, während andere mit Grad 4 nur geringe Beschwerden haben. Beschwerden entstehen immer dann, wenn es aufgrund einer Überlastung zu einer Entzündungsreaktion kommt. Schmerzhaft ist diese Entzündung und nicht der abgenutzte Knorpel. Dieser hat keine Nerven und kann demzufolge auch keine Schmerzen verursachen. Eine besondere Bedeutung kommt der Ernährung des Gelenks bzw. des Knorpels zu. Dieser wird durch die vom Gelenk produzierte Gelenkschmiere (Synovialflüssigkeit) versorgt. Durch wechselnde Be- und Entlastung nimmt der Knorpel diese Flüssigkeit auf. Die Knorpelernährung leidet zum Beispiel auch durch eine lange Entlastung, z. B. nach Operationen. Durch die fehlende Be- und Entlastung, kann der Knorpel keine Gelenkflüssigkeit aufnehmen. Das ist mit ein Grund dafür, weshalb heute nach Gelenkoperationen eine möglichst frühe Bewegungstherapie verordnet wird. Andererseits kann auch Dauerdruck in einer monotonen Gelenkstellung zu einer Mangelversorgung führen. Gewisse Berufsgruppen etwa haben das Problem, ständig in gleichförmiger Haltung arbeiten zu müssen, was die Entstehung eines Verschleißes und damit das Auftreten von Schmerzen fördern kann. Hier verbirgt sich tatsächlich ein Teufelskreis: Je ausgeprägter die schmerzbedingte Bewegungseinschränkung, desto größer sind die Nachteile für das Gelenk, durch fehlende Produktion und Verteilung der Gelenkflüssigkeit. Dieser Teufelskreis muss durch gezielte und dosierte Bewegung durchbrochen werden.

Sport und Arthrose

Viele Menschen mit einem Gelenkverschleiß sind äußerst motiviert! Sie sind so motiviert, dass sie ihrem Gelenk unter Umständen mehr zumuten, als es verträgt. Hier gilt es vorsichtig die richtige Belastung zu finden. Kaum ein anderes Krankheitsbild reagiert so sensibel auf eine zu hohe Trainingsbelastung wie die Arthrose. Daher ist es extrem wichtig, dass man sehr systematisch vorgeht.

Beim Gelenkverschleiß gilt noch mehr als bei anderen Erkrankungen: Viel hilft nicht immer viel!

Therapeutische Wirkung

In umfangreichen Studien konnte gezeigt werden, dass Patienten vor allem von einem Krafttraining profitieren. So zeigte sich an 130 Patienten mit Kniearthrose eine Minderung der Schmerzen bei 90 % der Patienten und eine im Mittel um 35 % gesteigerte Kraft. Es ist bis heute unbekannt, welcher Mechanismus zur Abnahme der Schmerzen führt. Die größte Bedeutung wird im Rahmen eines

Krafttrainings der Verbesserung der sogenannten Kraftausdauer zugeschrieben. Hierdurch ist die Muskulatur länger in der Lage, unkontrollierte Belastungen, welche das Gelenk schädigen könnten, zu vermeiden. Bei dieser Kraftform geht es nicht um maximale Kraftentwicklung, sondern darum, bei definierten Kraftleistungen nicht so schnell zu ermüden. Die Kraftausdauer wird mit geringen bis mittleren Belastungen und vielen Wiederholungen trainiert. Diese Trainingsform scheint geeignet, die Belastbarkeit der Gelenke zu erhöhen. Ein Kraftausdauertraining kann damit die Arthrose nicht beheben, jedoch dafür sorgen, dass sich der Schmerz verringert.

Das Training für Arthrosepatienten

Wenn man an Arthrose leidet, ist es das wichtigste Ziel, die mechanische Belastung des Knorpels bei der körperlichen Belastung zu reduzieren und gleichzeitig die Belastbarkeit des Gelenkknorpels zu erhöhen. Das körperliche Training hilft hier, indem die Muskulatur gekräftigt wird, die Beweglichkeit der Gelenke verbessert wird und nicht zuletzt die Koordination auch für Alltagsbelastungen gesteigert werden kann. Insbesondere bei fortgeschrittenen Fällen sollte der Einstieg in die körperliche Aktivität unter Anleitung eines Physiotherapeuten erfolgen. Hier gilt: Was für die Muskulatur noch machbar ist, kann für den Knorpel schon zu viel sein.

Der Einstieg in das Training sollte bei Arthrosepatienten unter Anleitung eines erfahrenen Physiotherapeuten erfolgen. Gemeinsam mit dem Therapeuten können individuelle Trainingsprogramme entwickelt werden, die dann in Eigenregie fortzusetzen sind.

Es hat sich als vernünftig herausgestellt, sich am Schmerz zu orientieren. Belastungen, die weder während noch nach dem Training Schmerzen verursachen, sind in der Regel unproblematisch und werden vom Knorpel gut vertragen. Man kann dann vorsichtig die Belastung steigern. Dabei ist zu berücksichtigen, dass der Knorpel nach dem Training deutlich mehr Zeit zur Erholung benötigt als die Muskulatur.

In der Praxis haben sich für Arthrosepatienten medizinische Krafttrainingsmaschinen bewährt. Der Vorteil dieser Trainingsgeräte liegt in einer feinen Dosierbarkeit der Belastung über die Gewichtseinstellungen. Es sollte eine Belastung gewählt werden, die etwa 30 Wiederholungen der Bewegung zulässt. Damit ist die Wahrscheinlichkeit, das Gelenk zu überlasten, gering, gleichzeitig werden alle positiven Wirkungen des Kraftausdauertrainings erreicht. Ziel ist es, dass das Gelenk mit der Zeit auch höhere Belastungen toleriert. Zusätzlich sollten mit dem Therapeuten auch Übungen zur Beweglichkeit der betreffenden Extremitäten und zur Verbesserung der Koordination durchgeführt und später allein konsequent weitergeführt werden.

Die Eckdaten für ein Kraftausdauertraining, wie es auch bei Arthrosepatienten angewendet wird, lesen sich wie folgt:

Wiederholungen	30 und mehr
Belastungszeit	60 Sekunden und mehr
Durchgänge	3 bis 5
Pausen	30 Sekunden
Trainingseinheiten pro Woche	2 bis 3

Grundsätzlich sollten alle umgebenden Muskeln des betroffenen Gelenks trainiert werden. Mit welchen Übungen dies am besten möglich ist, sollte mit dem Therapeuten besprochen werden. Wird nach der kontrollierten Einstiegsphase in Eigenregie trainiert, sollte nach ca. 3 Monaten eine Kontrolle durch den Therapeuten erfolgen, um eventuelle Fehler bei der Übungsausführung zu vermeiden bzw. das Übungsprogramm um- oder bei gutem Erfolg auch auszubauen.

Koronare Herzerkrankung

Herz-Kreislauf-Erkrankungen sind in den Industrienationen für etwa die Hälfte aller Todesfälle verantwortlich. Die häufigste Herz-Kreislauf-Erkrankung ist die koronare Herzkrankheit. Dabei handelt es sich um eine Verengung der Herzkranzgefäße (Koronararterien). Das sind diejenigen Gefäße, die das Herz selbst mit Blut und daher auch mit Sauerstoff versorgen. Ursache dieser Gefäßverengung ist meistens die Arterienverkalkung, die sogenannte Arteriosklerose. Dabei handelt es sich um Ablagerungen in den Gefäßwänden, die zu einer Verringerung des Gefäßinnendurchmessers und einer Versteifung der Gefäße führen. Hierdurch kann es zu einer Unterversorgung des Herzens mit Sauerstoff kommen. Zu Beginn macht sich diese Unterversorgung oft nur unter Belastung bemerkbar, wenn das Herz einen höheren Sauerstoffbedarf hat. Je enger die Herzkranzgefäße werden, desto häufiger entstehen auch Beschwerden in Ruhe. Wenn die Gefäße schließlich ganz verschlossen sind, kommt es zum Herzinfarkt. Hierbei ist die Blutzufuhr in bestimmte Bereiche des Herzens unterbrochen, der Bereich stirbt ab. Wenn entscheidende oder sehr große Bereiche des Herzens betroffen sind, kann der Patient versterben. Wenn nur kleine Bereiche betroffen sind, ist die Überlebenschance größer, in der Folge bildet sich jedoch immer eine Narbe, welche zum Teil zu deutlichen Einschränkungen der Herzleistung führen kann.

Das wichtigste Symptom der koronaren Herzerkrankung ist die sogenannte Angina pectoris. Entsteht eine Unterversorgung des Herzens mit Sauerstoff, beschreiben viele Patienten ein typisches Engegefühl in der Brust (lat. Angina = Enge; pectoris = Brust). Diese einschnürenden Schmerzen hinter dem Brustbein können auch in andere Bereiche (Arme, Rücken, Bauch u.Ä.) ausstrahlen und gehen häufig mit Atemnot einher. Diese Durchblutungsstörungen können aber auch stumm verlaufen, d.h., sie werden vom Patienten nicht bemerkt.

Das Rauchen aufgeben, die Ernährung umstellen, das Übergewicht reduzieren und sich regelmäßig bewegen sind die wichtigsten Bausteine der Lebensstilveränderung.

Die wichtigsten Risikofaktoren für die Entstehung der koronaren Herzerkrankung sind Rauchen, Bluthochdruck und ein erhöhter Cholesterinspiegel.

Diese Faktoren erhöhen die Wahrscheinlichkeit des Auftretens der koronaren Herzerkrankung erheblich, vor allem, wenn sie kombiniert auftreten. Weitere Risikofaktoren sind Übergewicht, Diabetes mellitus, Bewegungsmangel und psychosoziale Faktoren (z. B. Stress). Dementsprechend ist die Umstellung der Lebensweise ein entscheidender Teil der Therapie. Das Rauchen aufgeben, die Ernährung umstellen, Übergewicht reduzieren und sich regelmäßig bewegen. Werden diese Veränderungen im Lebensstil konsequent umgesetzt, kann ein Therapieeffekt erzielt werden, welcher mit der Gabe von Medikamenten vergleichbar ist.

Sport und die koronare Herzerkrankung

Therapeutische Wirkung

Die therapeutische Wirkung von Bewegung und Sport bei der koronaren Herzerkrankung ist mannigfaltig. Unter anderem kommt es zu einer direkten Wirkung auf die von Arteriosklerose betroffenen Gefäße. Es gibt eindeutige Hinweise, dass körperliche Aktivität das Fortschreiten bestehender Ablagerungen aufhalten kann. Bei entsprechend sinnvollem Training und gutem Ansprechen können die Ablagerungen sogar abnehmen und die Arteriosklerose verringert sich. Wie dieser Effekt exakt zustande kommt, ist bisher nicht geklärt. Neben der direkten Wirkung auf die Gefäße hat Bewegung auch einen bedeutenden Einfluss auf die Risikofaktoren Bluthochdruck, Cholesterinspiegel, Übergewicht und Stress. Der Effekt dieser Wirkungen addiert sich nicht nur, sondern er potenziert sich.

Das Training für Menschen mit koronarer Herzerkrankung

1. Fangen Sie langsam an.
2. Bauen Sie mehr Bewegung in Ihren Alltag ein.
3. Trainieren Sie im beschwerdefreien Bereich.
4. Je länger Sie durchhalten, desto größer wird der Effekt.
5. Ein bisschen ist gut, ein bisschen mehr ist besser.
6. Ausdauertraining ist die beste Wahl.

Ein Trainingsprogramm ist grundsätzlich in der Lage, die primäre Ursache der koronaren Herzerkrankung zu beseitigen. Um dieses Ziel zu erreichen, sind aber einige Bedingungen zu erfüllen:

1. Fangen Sie langsam an.

Je nach Schwere der Erkrankung muss ein

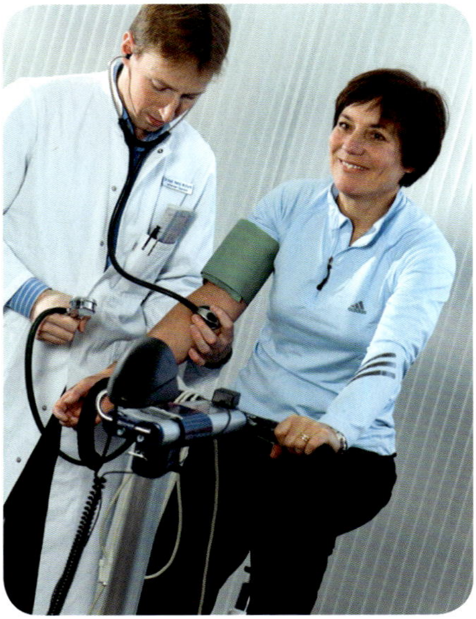

Trainingsprogramm individuell gestaltet werden. Als Eingangsvoraussetzung sollten Sie in der Lage sein, zumindest 1 Watt pro Kilogramm Körpergewicht auf dem Fahrradergometer zu leisten. Das entspricht etwa der Fähigkeit, beschwerdefrei über einen längeren Zeitraum flott gehen zu können. Am Anfang macht es auch Sinn, das Training in der Gruppe unter Anleitung im Rahmen eines Herzsportgruppentrainings durchzuführen. Auf jeden Fall muss beim Einstieg in die Bewegung mit geringen Belastungen gearbeitet werden. Die Steigerung der Belastung kann dann nach individuellem Fortschritt im Laufe der Zeit durchgeführt werden.

2. Bauen Sie mehr Bewegung in Ihren Alltag ein.

Wir verbringen unsere Zeit mit Bewegungslosigkeit, obwohl wir nicht müssten. Wir könnten die Treppe statt den Aufzug benutzen, wir könnten mit dem Rad zur Arbeit fahren statt mit dem Auto. Ein aktiverer Alltag wirkt sich nachweislich positiv auf die Herzgesundheit aus! Diesen Bewegungsgewinn können Sie ohne großen Aufwand realisieren. Sie sollten diese Chance, zusätzlich zum gezielten Training, täglich nutzen!

3. Trainieren Sie im beschwerdefreien Bereich.

Wenn Sie eine koronare Herzerkrankung haben, sollten Sie in jedem Fall im beschwerdefreien Bereich trainieren. Diesen Bereich sollten Sie gemeinsam mit Ihrem Arzt festlegen. Er kann durch ein Belastungs-EKG Ihre maximale Belastbarkeit ermitteln. Ein Ausdauertraining sollte im Bereich von ca. 70 % der maximalen Herzfrequenz durchgeführt werden. Die Kontrolle der Herzfrequenz im Training durch ein Pulsmessgerät sollte dabei selbstverständlich sein.

4. Je länger Sie durchhalten, desto größer wird der Effekt.

Wenn Sie ein Trainingsprogramm beginnen, ist es meistens so, dass Sie bereits nach kurzer Zeit Effekte spüren, z. B.

eine höhere Leistungsfähigkeit. Die Effekte, auf die es ankommt, nämlich das Aufhalten oder die Abnahme der Arteriosklerose, treten jedoch erst nach einer längeren Trainingsphase ein. Je länger Sie trainieren, desto deutlicher reduzieren Sie Ihr Risiko. Durch regelmäßiges, langfristiges Training reduzieren Herzpatienten das Risiko, am Herztod zu versterben, um etwa 30 %, im Vergleich zu Patienten, welche nicht körperlich trainieren.

5. Ein bisschen ist gut, ein bisschen mehr ist besser.

Wie in der gesamten Sporttherapie gilt auch für Herzpatienten: Einmal Training ist besser als kein Mal! Die aktuelle Studienlage zeigt allerdings, dass ein optimaler Effekt bei ca. 3 bis 4 Stunden zusätzlicher körperlicher Aktivität pro Woche liegt. Ziel sollte daher sein, täglich zumindest 30 Minuten oder jeden 2. Tag eine Stunde zusätzlicher Bewegung durchzuführen.

6. Ausdauertraining ist die beste Wahl.

Für Patienten mit einer koronaren Herzerkrankung gilt: Ausdauertraining ist die beste Wahl. In fast allen Studien zum Thema Sport und koronare Herzkrankheit werden die Patienten mit einem Ausdauertraining behandelt. Durch diese Bewegungsform können alle ge-

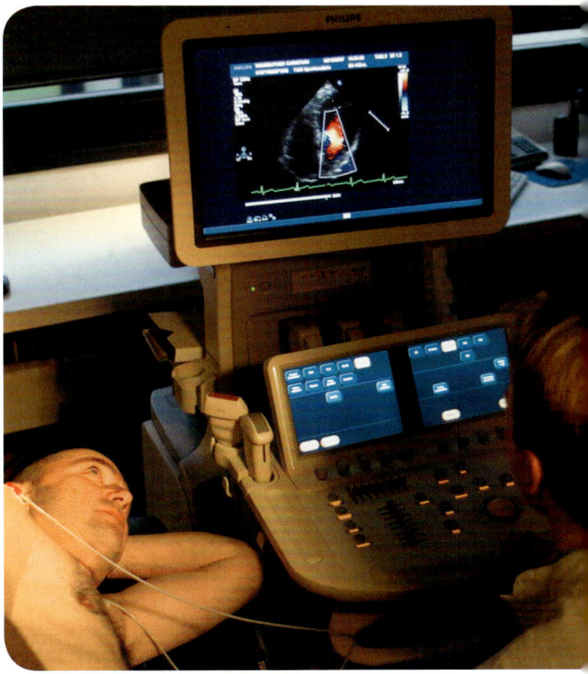

wünschten positiven Veränderungen für das Herz-Kreislauf-System erreicht werden. In jüngster Zeit konnte gezeigt werden, dass ein zusätzliches leichtes, dynamisches Krafttraining ebenfalls positive Effekte hat. Der Schwerpunkt des Trainings sollte allerdings im Ausdauerbereich liegen. Welche Ausdauersportart man bevorzugt, ist prinzipiell egal. Der entscheidende Faktor ist: Sportarten wählen, die Spaß machen! Nur wenn ein Sportprogramm Spaß macht, wird es auf Dauer durchgehalten.

Krebs

Als Krebs werden umgangssprachlich bösartige Tumoren bezeichnet. Charakteristisch ist das unkontrollierte Zellwachstum, das gesundes Gewebe verdrängen und zerstören kann. Krebserkrankungen sind nach den Herz-Kreislauf-Erkrankungen die zweithäufigste Todesursache in Deutschland. Jährlich erkranken etwa 400.000 Menschen. Grundsätzlich kann jedes Organ von Krebs betroffen sein, am häufigsten entsteht er jedoch im Darm, in der Lunge, bei Frauen in der Brust und bei Männern in der Prostata. Der Krebs entsteht durch eine Veränderung der Erbanlagen. Diese Veränderung kann durch Faktoren wie Strahlung, Chemikalien, Alkohol, Rauchen, UV-Licht oder Viren zustande kommen. Andere Faktoren wie Übergewicht, Sexualhormone oder eine fett- und eiweißreiche Diät begünstigen die Krebsentstehung durch teilweise noch unbekannte Mechanismen.

Die derzeitige Heilungsrate für alle Krebserkrankungen beträgt weltweit ca. 30 bis 40 %. Insgesamt steigen die Überlebenschancen seit 15 Jahren. Den größten Anteil an diesem Erfolg wird der Darmkrebsfrüherkennung und einer geringer werdenden Zahl von Rauchern zugeschrieben. Solange die Krebskrankheit örtlich begrenzt bleibt, sind die Heilungschancen besser, als wenn der Tumor sich in Form von sogenannten Metastasen schon in mehreren Organen ausgebreitet hat.

INFO

Körperliche Aktivität ist Krebsvorbeugung. Für zahlreiche Krebsarten ist bekannt, dass Bewegungsmangel einen eigenständigen Risikofaktor für die Entstehung der Erkrankung darstellt.

Um das Risiko einer Krebserkrankung zu vermindern, sollte man krebserregende Stoffe meiden. Bedeutende Faktoren sind Rauchen und Passivrauchen, Einatmen von Feinstäuben (Asbest, Ruß, Autoabgase etc.) und Strahlung (Radioaktivität, UV-Strahlung durch die Sonne, Röntgenstrahlung). Zwischenzeitlich weiß man aber auch, dass Bewegungsmangel ein eigenständiger Risikofaktor für bestimmte Krebsarten sein kann.

Sport und Krebs

Therapeutische Wirkung

Sportliche Aktivität ist bei Krebserkrankungen keine ursächliche Therapie. Ist der Krebs durch eine Veränderung des Erbguts einmal ausgebrochen, kann sportliche Aktivität daran nichts ändern. Auch die Annahme, dass ein körperliches Training zu einer Aktivierung des Immunsystems und damit zu einer Verlangsamung des Krebswachstums führt, konnte bisher wissenschaftlich nicht wirklich bestätigt werden. Nun zeigen jedoch zwei große, aktuelle Studien aus den USA, dass Patienten mit Dickdarmkrebs und Brustkrebs, die nach der Diagnose körperlich sehr aktiv waren, deutlich länger lebten als Untrainierte. Etwa 3000 Patientinnen mit Brustkrebs wurden befragt, wie aktiv sie nach der Diagnosestellung waren. Genannt wurden Sportarten wie Walking, Jogging, Radfahren, Schwimmen, Tennis, Aerobic etc. Diejenigen Frauen, die sich eine Stunde pro Woche bewegten, hatten eine um 20 % höhere Überlebenschance als diejenigen Frauen, die sich weniger als eine Stunde oder gar nicht bewegten. Die besten Überlebenschancen hatten die Frauen, die sich zwischen 3 und 5 Stunden in der Woche zusätzlich bewegten. Bei einem höheren Trainingsumfang sanken die Chancen wieder leicht, blieben aber immer noch deutlich über denen der körperlich inaktiven Frauen.

Ein weiterer wichtiger Grund für eine sportliche Aktivität von Krebspatienten ist, dass sich ein Training positiv auf die Folgeprobleme einer Chemo- oder Strahlentherapie auswirkt. Häufig findet sich nach einer solchen Therapie eine ausgeprägte Erschöpfung, das sogenannte »Fatigue-Syndrom«. Es ist gekennzeichnet durch reduzierte Belastbarkeit und rasche Ermüdung. Das »Fatigue-Syndrom« ist eine der häufigsten und gravierendsten Folgeerscheinungen der Tumortherapie. Hier kann ein kontrolliertes körperliches Trainingsprogramm zu einer deutlichen Besserung der Belastbarkeit und damit der Lebensqualität führen.

INFO

Die chronische Müdigkeit während und nach einer Krebstherapie kann durch Sport deutlich verbessert werden. Durch den Sport steigt die Belastbarkeit und damit die Lebensqualität.

Andere Untersuchungen zeigen, dass ein Ausdauertraining während oder unmittelbar nach dem Ende einer Chemo- oder Strahlentherapie Übelkeit und Schmerz reduzieren, Muskelmasse und -funktion erhalten und insgesamt zu einer schnelleren Erholung führen kann.

Das Training für Krebspatienten

Die oben genannten Studien belegen, dass körperliche Aktivität während der Krebserkrankung nicht nur möglich ist, sondern auch positive Effekte hat. Vor der Aufnahme eines Trainings muss allerdings in jedem Fall mit dem behandelnden Arzt gesprochen werden. Hier sollte eine umfangreiche medizinische Belastbarkeitsuntersuchung mit einer daraus folgenden konkreten Trainingsvorgabe durch einen Arzt erfolgen. Für Krebspatienten bestehen einige Kontraindikationen.
Folgende praktische Empfehlungen entsprechen dem heutigen wissenschaftlichen Stand und werden bereits in der täglichen Praxis umgesetzt:

- Patienten nach einer Chemo- oder Ganzkörperstrahlentherapie sollten sich die ersten 24 Stunden schonen.
- Bei Chemotherapien, die aus mehreren Zyklen bestehen, kann an den behandlungsfreien Tagen trainiert werden.
- Eine Bestrahlung über begrenzte Körperareale stellt keine Kontraindikation für das körperliche Training dar.

INFO

Bevor Krebspatienten ein körperliches Training aufnehmen, sollte eine medizinische Belastbarkeitsuntersuchung mit nachfolgender Festlegung der Trainingsbereiche aus ärztlicher Sicht erfolgen.

Sind Kontraindikationen ausgeschlossen, kann ein Training stattfinden, das sich nach den gleichen Prinzipien richtet wie eines für Gesunde oder andere Patienten. Konkret bedeutet das, dass vor allem Sportarten zum Einsatz kommen, bei denen die Belastung gut zu dosieren ist. Die meisten Untersuchungen liegen zum Ausdauertraining vor, aber auch ein Krafttraining wird empfohlen. Die Dauer einer Trainingseinheit sollte zwischen 30 und 60 Minuten liegen und 70 bis 75 % der maximalen Belastbarkeit (maximaler

Puls, maximale Kraft) nicht überschreiten. Die exakte Belastbarkeitsgrenze sollte vom Arzt festgestellt werden. Für wenig belastbare Patienten hat sich beim Ausdauertraining das sogenannte Intervalltraining bewährt. Die Belastungsintensität, z. B. 60–70 % der maximalen Herzfrequenz, wird für 1 bis 3 Minuten gehalten, darauf folgt eine Pause von 1 bis 3 Minuten. Dieses Prinzip wird zwischen 4- und 6-mal wiederholt.

Ein Trainingsplan für Krebspatienten könnte wie folgt aussehen:

ANFÄNGER:

Tag	Sportart	Dauer	Intensität
Mo			
Di	Walking	30 Min.	< 70 %
Mi			
Do	Allgemeines Krafttraining	30 - 40 Min.	
Fr			
Sa	Nordic Walking	30 Min.	60 bis 70 %
So			

GEÜBTE:

Tag	Sportart	Dauer	Intensität
Mo			
Di	Radfahren	60 Min.	< 70 %
Mi			
Do	Schwimmen	30 Min.	70 bis 75 %
Fr			
Sa	Allgemeines Krafttraining	30 - 40 Min.	
So	Nordic Walking	60 Min.	< 70 %

FORTGESCHRITTENE:

Tag	Sportart	Dauer	Intensität
Mo			
Di	Schwimmen	30 Min.	70 bis 75 %
Mi	Nordic Walking	60 Min.	< 70 %
Do			
Fr	Radfahren	60 Min.	< 70 %
Sa	Allgemeines Krafttraining	30 - 40 Min.	
So	Nordic Walking	60 Min.	< 70 %

Osteoporose

Die Osteoporose, häufig auch als Knochenschwund bezeichnet, ist eine Krankheit des Knochens mit vermehrtem Abbau der Knochensubstanz. In der Folge nimmt die Belastbarkeit des Knochens ab und das Risiko von Knochenbrüchen steigt. Der menschliche Knochen befindet sich in einem ständigen Aufbau- und Abbauprozess. Während eines Lebens wird der Knochen bis zu viermal komplett erneuert. Von der Geburt bis zum Beginn des Erwachsenenalters nimmt die Knochenmasse zu, zwischen 20 und 30 Jahren wird die maximale Knochendichte erreicht. Ab etwa dem 30. Lebensjahr nimmt die Knochenmasse ab. Männer verlieren etwa 0,3 %, Frauen etwa 0,5 % Knochenmasse pro Jahr. Dieser Knochenschwund ist zu Teilen genetisch vorprogrammiert. Bei der Frau kann der Verlust an Knochen nach den Wechseljahren mit Abfall der weiblichen Hormone bis auf 4 % pro Jahr steigen. Dies bedeutet, dass Frauen vom 40. bis zum 70. Lebensjahr bis zu 40 % ihrer Knochenmasse verlieren können, Männer im gleichen Zeitraum nur etwa 12 %. Osteoporose ist ein schleichender Prozess. Häufig bleibt die Erkrankung über lange Zeit unbemerkt, bis es oft wie »aus heiterem Himmel« zu einem Knochenbruch kommt. Am häufigsten betroffen sind die Wirbelkörper, der sogenannte Schenkelhals im obersten Bereich des Oberschenkelknochens und der Unterarm.

Neben nicht beeinflussbaren Risikofaktoren wie familiäre Veranlagung, weibliches Geschlecht und Alter erhöhen auch folgende Risikofaktoren die Wahrscheinlichkeit der Osteoporose:

→ **Bewegungsmangel:** Es besteht ein direkter Zusammenhang zwischen Knochenmasse und Muskelmasse. Je mehr Muskelmasse jemand hat, desto größer ist auch seine Knochenmasse. Wenn man sich wenig bewegt und dabei Muskelmasse verliert, geht immer auch die Knochenmasse zurück. Zusätzlich steigt durch das schlechtere Zusammenspiel von Gehirn und Muskulatur auch das Sturzrisiko und damit die Gefahr von Knochenbrüchen.

INFO

Bewegungsmangel, Ernährung und Rauchen sind die wichtigsten beeinflussbaren Risikofaktoren für eine Osteoporose.

→ **Ernährung:** Kalzium hat eine besondere Bedeutung bei der Entstehung der Osteoporose. 99 % des Kalziums sind im Knochen gespeichert. Kommt es durch unzureichende Kalziumzufuhr zu einer Mangelsituation, baut der Körper das Kalzium, das er für lebensnotwendige Vorgänge benötigt, aus dem Knochen ab. Besteht dieser Zustand über Jahre, kann es zur Osteoporose kommen. Vor allem Milch und Milchprodukte enthalten viel Kalzium.
Auch das Vitamin D hat eine wichtige Funktion. Es erhöht die Aufnahme von Kalzium und reguliert den Knochenaufbau. Vitamin D wird unter dem Einfluss von Sonnenlicht gebildet. Es kommt nur in wenigen Nahrungsmitteln wie Seefisch, Eigelb oder Lebertran vor.

→ **Rauchen:** Raucher verzeichnen eine geringere Produktion und einen schnelleren Abbau von Sexualhormonen, die einen schützenden Effekt haben. Raucherinnen kommen durchschnittlich 2 Jahre früher in die Wechseljahre und verlieren doppelt so viel Knochenmasse wie Nichtraucherinnen. Schon Raucher mit 5 bis 10 Zigaretten am Tag erkranken häufiger an Osteoporose als Nichtraucher.

→ Zusätzlich können sich auch Alkohol, Koffein und bestimmte Medikamente wie Kortison negativ auf den Knochenstoffwechsel auswirken. Auch manche Krankheiten können eine Osteoporose verursachen.

Sport und Osteoporose

Therapeutische Wirkung

Vordergründig liegt es nahe, durch einen Aufbau der Muskulatur auch einen Aufbau der Knochenmasse zu erreichen. Untersuchungen zeigen jedoch, dass echter Knochenaufbau nur in Kindheit und Pubertät während des Längenwachstums sowie im Bereich des langfristigen, regelmäßigen Sports möglich ist. Für Osteoporosepatienten sind diese Effekte nicht zu erwarten, da die nöti-

gen Trainingsbelastungen nicht erreicht werden können. Ein Trainingsprogramm bei Osteoporose soll vielmehr die vorhandene Knochenmasse erhalten, die Bewegungssicherheit steigern und so das Sturz- und Bruchrisiko senken. Eine kürzlich veröffentlichte Studie konnte nachweisen, dass ein Krafttraining der Rückenmuskulatur über 2 Jahre die Gefahr eines Wirbelkörperbruches deutlich vermindern konnte. Der entscheidende Faktor für den Erfolg ist, dass es durch das körperliche Training zu einer Verformung des Knochens kommen muss. Diese Verformung wird durch den Zug der Muskulatur am Knochen ausgelöst. Sie ist zwar sehr gering, aber doch messbar und wird bei den meisten Sportarten erreicht. Die zweite Säule eines Trainingsprogramms für Osteoporosepatienten ist das Koordinationstraining. Unter Koordination wird das Zusammenspiel zwischen Gehirn und Muskulatur verstanden. Das Gleichgewicht ist für Osteoporosepatienten die wichtigste koordinative Eigenschaft.

Krafttraining und Koordinationstraining stehen im Vordergrund des Therapieplans.

In einer Studie konnte gezeigt werden, dass das Gleichgewicht im Stehen eine ebenso gute Vorhersage in Bezug auf Schenkelhalsbrüche erlaubt wie eine Knochendichtemessung. Wer ein gutes Gleichgewicht hat, stürzt seltener und trägt ein geringeres Risiko für Knochenbrüche.

Das Training für Osteoporosepatienten

Grundsätzlich kommen alle Sportarten in Frage, bei denen es zu einer durch die Muskulatur ausgelösten Verformung des Knochens kommt. Das ist in der Regel dann der Fall, wenn der Körper gegen die Schwerkraft bewegt werden muss. Alle Geh- und Laufsportarten sind daher zunächst geeignet. Sportarten, bei denen das eigene Körpergewicht nicht getragen werden muss, z. B. Schwimmen oder Radfahren, haben keinen großen Effekt auf den Knochenstoffwechsel. Besonders empfohlen wird das Krafttraining an Geräten. Hier kann durch das variable Trainingsgewicht die Muskulatur je nach Zielsetzung optimal belastet werden. Je nach Schweregrad der Osteoporose und nach dem Ergebnis der Knochendichtemessung lassen sich unterschiedliche Trainingsempfehlungen geben:

Schweregrad 0 (Knochendichte reduziert, aber noch keine Osteoporose, keine Brüche)

Hier ist es das Ziel, Muskelmasse aufzubauen und die Knochenmasse und -struktur zu erhalten. Um dieses Ziel zu erreichen, sind Trainingsbelastungen notwendig, die eine Wiederholungszahl von 8 bis 12 Wiederholungen erlauben. Nach einer Pause von etwa 2 Minuten werden die Durchgänge zwischen 3- und 5-mal wiederholt. Schwerpunktmäßig werden die Bauch- und Rückenmuskulatur, die Oberschenkel- und die Gesäßmuskulatur 2- bis 3-mal pro Woche trainiert.

Schweregrad 1 (Osteoporose, aber noch keine Knochenbrüche)

Bei diesen Patienten, die bereits ein deutlich erhöhtes Risiko für Knochenbrüche haben, wird mit geringeren Belastungen trainiert. Das Trainingsgewicht sollte so sein, dass zwischen 20 und 30 Wiederholungen möglich sind. Nach einer Pause von 30 bis 60 Sekunden werden die Durchgänge 3- bis 4-mal wiederholt. Schwerpunktmäßig werden wiederum die Bauch- und Rückenmuskulatur, die Oberschenkel- und die Gesäßmuskulatur 2- bis 3-mal pro Woche trainiert. Nach einer Anpassung an diese Trainingsbelastung (etwa 15 bis 20 Trainingseinheiten) sollte die Gewichtsbelastung kontinuierlich gesteigert werden. Bei gutem Verlauf kann zur oben beschriebenen Trainingsmethode gewechselt werden. Bei Defiziten im Bereich des Gleichgewichts sollte ein spezielles Gleichgewichtstraining durchgeführt werden. Im Wesentlichen besteht dieses darin, auf labilen Untergründen (z.B. Therapiekreisel, Weichboden u.v.m.) ein- oder beidbeinig zu stehen.

Schweregrad 2 und 3 (Osteoporose und erste Brüche)

Hier stehen Sturzvermeidung mit Gleichgewichtstraining und die Erhaltung der Mobilität unter Bewahrung der Eigenständigkeit im Vordergrund. Das Muskeltraining sollte zunächst isometrisch erfolgen, d.h., es werden Übungen ausgewählt, bei denen eine bestimmte Position gehalten wird. Es findet keine Bewegung statt. Später kann jedoch zu den unter Schweregrad beschriebenen Trainingsmethoden gewechselt werden. Neben dem Gleichgewichtstraining auf labilen Untergründen sollte ein Haltungstraining, z. B. in einer Rückenschule, durchgeführt werden, um alltagsrelevante Tätigkeiten ökonomischer auszuführen.

Psychische Erkrankungen

Unter einer psychischen Erkrankung oder einer psychischen Störung wird ganz allgemein eine erhebliche Abweichung im Erleben oder Verhalten von psychisch gesunden Menschen verstanden. Im Regelfall wird neben der Abweichung von der Norm auch ein psychisches Leid des Betroffenen vorausgesetzt. Es würde den Rahmen dieses Buches sprengen, wenn man auf alle mit dieser Definition verbundenen Probleme eingehen wollte. Das fängt bereits damit an, dass die Vorstellung von psychischer Gesundheit und normalem Verhalten sehr unterschiedlich sein können. Auch eine Besprechung der vielfältigen Formen und Ursachen von psychischen Erkrankungen wäre sehr umfangreich. Stattdessen sollen hier einzelne psychische Problembereiche herausgegriffen werden, bei denen ein Zusammenhang zwischen dem Sport und der psychischen Erkrankung bereits untersucht wurde. Im Wesentlichen hat sich die Wissenschaft mit depressiven Störungen, Angststörungen, Schlafstörungen, Suchterkrankungen und neurologische Erkrankungen (z.B. Morbus Parkinson) beschäftigt. Gesicherte Erkenntnisse liegen aus den Bereichen depressive Störungen und Angststörungen vor.

Sport und Depression

Die antidepressive Wirkung von Sport ist heute gesichert. Seit den 80er-Jahren liegen Untersuchungen vor, die eindeutige Effekte nachweisen. Diese Effekte sind mit denen von Medikamenten vergleichbar. In einer Studie an 156 älteren Patienten, die unter einer mäßigen bis schweren Depression litten, wurden drei Behandlungsbedingungen miteinander verglichen. Die erste Gruppe absolvierte ein Ausdauertraining, die zweite erhielt antidepressive Medikamente und in der dritten Gruppe wurden beide Maßnahmen kombiniert. Nach einer 16-wöchigen Behandlungsdauer ging es allen Patienten gleichmäßig besser. Das Ausdauertraining war also genauso wirksam wie ein Medikament.

Sport steigert bei psychischen Erkrankungen das Selbstwertgefühl und schafft persönliche Erfolgserlebnisse.

Andere Studien zeigen, dass die Wirkung eines Trainings auch mit den Wirkungen eines psychotherapeutischen Behandlungsverfahrens vergleichbar ist. Ursächlich für die Wirkungen des Ausdauertrainings sind sowohl psychische als auch neurobiologische Faktoren. So

Der Spaß am Sport ist bei Patienten mit psychischen Erkrankungen der Schlüssel zum Therapieerfolg.

werden durch ein sportliches Training Erfolgserlebnisse, sogenannte Verstärker, möglich. Wird zum Beispiel ein depressiver Patient gefragt, ob er in der Lage sei, ein 15-minütiges Ausdauertraining zu absolvieren, so wird er dies verneinen. Hat er im Rahmen seiner Therapie dies dennoch geschafft, kommt es zu einem Erfolgserlebnis. Das Selbstwertgefühl nimmt zu. Des Weiteren kommt es durch regelmäßige körperliche Aktivität zu einem Anstieg des Serotonin-Spiegels im Gehirn. Serotonin ist ein Hormon, das bei der Übertragung von Nervenimpulsen im Gehirn eine wichtige Funktion hat.

Grundsätzlich scheint für depressive Patienten nicht nur ein Ausdauertraining wirksam. Auch sportliche Aktivitäten, die in einem sozialen Rahmen stattfinden (z.B. Fußball), scheinen Erfolg versprechend. Insgesamt dürften psychologische Aspekte der sportlichen Aktivität mindestens genauso wichtig sein wie die körperlichen Faktoren. So ist ein entscheidender Faktor, ob durch das Training und die sportliche Aktivität Erfolgserlebnisse vermittelt werden.

Sport und Angststörungen

Angststörungen reichen von einfachen Phobien, z. B. Höhenangst oder Angst vor sozialen Situationen, bis hin zu schweren, vielschichtigen Angststörungen. Eine positive Wirkung von Sport auf Angstzustände ist weniger gesichert als bei der Depression. In einer Studie an Angstpatienten konnten aber positive Effekte gezeigt werden. Die Patienten wurden drei Behandlungsgruppen zugewiesen. Die erste absolvierte ein 10-wöchiges Ausdauertraining (5 bis 6 km Joggen, 3- bis 4-mal pro Woche). Die zweite Gruppe erhielt ein Medikament und die dritte Gruppe ein Scheinmedikament (Placebo). Sowohl das Ausdauertraining als auch das tatsächliche Medikament führten zu einer deutlichen Verbesserung der Angstsymptomatik im Vergleich zum Scheinmedikament. Immer mehr Studien kommen zum gleichen Ergebnis, sodass heute von einer positiven Wirkung des Sports auch auf Angststörungen auszugehen ist.

Das Training für Menschen mit psychischen Erkrankungen

Wenn es schon beim Gesunden nicht einfach ist, ihn zu einem regelmäßigen Training zu motivieren, ist es beim psychisch Kranken umso schwieriger. Andererseits scheint der Schritt in einen Verein, ein Fitnessstudio oder eine Walking-Gruppe einfacher als der Schritt zum Psychologen. Da der Sport je nach Krankheitsbild und Person individuell gestaltet werden muss, sollte professionelle Hilfe in Anspruch genommen werden. Das kann der psychologisch ausgebildete Sportlehrer sein oder der sportkundige Psychologe. Im Idealfall sollte eine enge Zusammenarbeit zwischen den Berufsgruppen stattfinden. Entscheidende Aufgabe dieser Therapeuten ist es, den Patienten zu regelmäßigem Training zu motivieren. Dabei müssen Erfolge programmierbar sein und auch bewusst gemacht werden.

Die Frage, welche Sportart die geeignetste ist, ist zurzeit noch nicht zu beantworten. Die meisten Studien liegen zum Thema Ausdauertraining vor. Allerdings scheint ein Krafttraining vergleichbare Effekte zu erzielen.

Insgesamt sollte ein möglichst abwechslungsreiches Training durchgeführt werden, bei welchem sämtliche Eigenschaften der körperlichen Leistungsfähigkeit (Ausdauer, Kraft, Koordination, Beweglichkeit) beansprucht werden. Vor Beginn eines solchen Trainings sollte auf jeden Fall eine internistische Belastbarkeitsdiagnostik durchgeführt werden. Hier müssen v.a. bewegungsmangelbedingte Erkrankungen insbesondere des Herz-Kreislauf-Systems ausgeschlossen werden. Im Falle einer zusätzlichen Medikamentenbehandlung müssen Nebenwirkungen berücksichtigt bzw. ausgeschlossen werden.

INFO

Möglichst abwechslungsreiche Sportarten schaffen Motivation und Freude – Grundvoraussetzungen für ein dauerhaftes und erfolgreiches Training.

Insbesondere zum Einstieg macht eine individuelle Trainingsbetreuung Sinn. Ohne eine individuelle Betreuung wird selten kontinuierlich trainiert, zusätzlich ist es gerade bei diesen Krankheitsbildern wichtig, dass die Belastungsintensität klar vorgegeben bzw. individuell immer wieder angepasst wird.

Der folgende Trainingsplan kann als Anhaltspunkt genommen werden. Die Sportart sollte möglichst variabel und nach persönlichen Vorlieben des Patienten ausgesucht werden. Hier eignen sich Walking, Nordic Walking oder Fahrradfahren genauso gut wie Spielsportarten oder ein gemischtes Fitness-/Krafttraining – der Spaßfaktor steht im Vordergrund. Die Belastungsintensitäten sind in % der maximalen Herzfrequenz angegeben. Die maximale Herzfrequenz sollte im Rahmen der Belastbarkeitsdiagnostik vor Beginn des Sporttreibens bestimmt werden.

	ANFÄNGER:		GEÜBTE:		FORTGESCHRITTENE:
Mo		Steigerung innerhalb von 3 bis 4 Monaten		Steigerung innerhalb von 3 bis 4 Monaten	
Di					
Mi	20 Minuten 60 bis 70 %		40 Minuten 60 bis 70 %		60 Minuten 60 bis 70 %
Do					
Fr	20 Minuten 60 bis 70 %		40 Minuten 70 bis 80 %		60 Minuten 70 bis 80 %
Sa					
So	20 Minuten 60 bis 70 %		40 Minuten 60 bis 70 %		60 Minuten 60 bis 70 %

Rückenschmerzen

Kein Symptom betrifft mehr Menschen als der Rückenschmerz. Etwa 80 % aller Menschen in den Industrienationen sind in ihrem Leben irgendwann einmal davon betroffen. Im Augenblick leiden etwa 40 % aller Menschen in Deutschland unter vorübergehenden oder dauerhaften Rückenschmerzen. Kein anderes gesundheitliches Problem verursacht mehr Kosten und obwohl die Medizin immer besser wird, nimmt die Zahl der Rückenpatienten ständig zu!

Zahlreiche Untersuchungen haben gezeigt, dass das Phänomen Rückenschmerz kein rein mechanisches Problem ist. Vielmehr muss der Rückenschmerz heute ganzheitlich betrachtet werden. In vielen Fällen hat der Patient Schmerzen, es findet sich jedoch trotz modernster Medizintechnik keine erkrankte Struktur, die diesen Schmerz erklären könnte. Man spricht vom sogenannten unspezifischen Rückenschmerz.

Im Gegensatz dazu findet sich beim spezifischen Rückenschmerz eine erkrankte Struktur, etwa die Bandscheibe, die typische Schmerzen auslöst. Zum Beispiel beim Bandscheibenvorfall ausstrahlende Schmerzen in ein Bein.

INFO

Die Ursachen von Rückenschmerzen sind vielfältig. Sicher ist, dass der Rückenschmerz kein rein mechanisches Problem ist. Dementsprechend muss er ganzheitlich betrachtet und therapiert werden. Hier spielen neben der allgemeinen körperlichen Bewegung auch psychologische Aspekte eine wichtige Rolle.

Es gibt zahlreiche Faktoren, die für das Auftreten von Rückenschmerzen verantwortlich sind. In diesem Zusammenhang spielen eine falsche Körperhaltung ebenso eine Rolle wie belastungsbedingte Abnutzungserscheinungen. Diese Faktoren erklären das Phänomen Rückenschmerz allerdings nur zum Teil. Einen ganz entscheidenden Anteil hat der Bewegungsmangel als ein wichtiger Risikofaktor für die Entstehung von Rückenschmerzen.

Nicht zu unterschätzen sind auch psychosoziale Probleme, welche bei der Entstehung und insbesondere auch bei der Ausprägung eine große Rolle spielen. In zahlreichen Untersuchungen hat sich zum Beispiel die Arbeitszufriedenheit als weit wichtiger herausgestellt als die tatsächlichen körperlichen Belastungen am Arbeitsplatz. Auch der Umgang mit akuten Rückenschmerzen stellt einen Risikofaktor dar. Wer annimmt, dass es sich bei seinem Rückenschmerz um eine schwere Erkrankung handelt, hat ein mehrfaches Risiko, dass dieser Schmerz chronisch wird. Chronische Rückenschmerzen werden häufig durch psychosozialen Stress, Depression, Unzufriedenheit mit dem Arbeitsplatz und Ärger mit Vorgesetzten oder Mitarbeitern verstärkt.

Sport und Rückenschmerzen

Therapeutische Wirkung

Um die therapeutische Wirkung des Sports bei unspezifischen Rückenschmerzen einzuschätzen, muss zunächst zwischen akuten und chronischen Rückenschmerzen unterschieden werden. Für den akuten Rückenschmerz ist heute keine Maßnahme bekannt, die dessen Auftreten sicher verhindern kann. Auch der Sport hat hier keine direkte therapeutische Wirkung, ist aber für die Prävention unabdingbar.

Der Sport hat beim akuten Rückenschmerz keine direkte therapeutische Wirkung, ist aber für die Vorbeugung und die Vermeidung eines Rückfalls in Bezug auf Rückenschmerzen unverzichtbar.

Für den Umgang mit akuten Rückenschmerzen empfiehlt sich in der Praxis folgendes Stufenkonzept:

→ **Ausschluss spezifischer Ursachen:** Organische Erkrankungen müssen ausgeschlossen werden.

→ **Information:** Sind spezifische Ursachen ausgeschlossen, sollte dem Betroffenen verdeutlicht werden, dass sein Rückenschmerz unabhängig von der akuten Ausprägung keine Folgeschäden nach sich zieht.

→ **Normale Alltagsaktivität beibehalten:** Der akute Rückenschmerz wird am schnellsten verschwinden, wenn der Betroffene seine normale Alltagsaktivität beibehält. Um dies zu ermöglichen, kann auch – in Absprache mit dem Arzt – vorübergehend auf Schmerzmittel zurückgegriffen werden.

→ **Suche nach Risikofaktoren:** Um zu verhindern, dass der Rückenschmerz wieder auftritt, müssen Risikofaktoren ausgeschlossen und körperliche Defizite ausgeglichen werden. In diesem Zusammenhang ist regelmäßiges und gezieltes Training unabdingbar.

Der Sport hat beim Rückenschmerz eine vorbeugende Funktion. Grundsätzlich kommen alle Sportarten infrage. Hier ist vor allem wichtig, dass die durchgeführte Sportart Spaß macht! Nur dann ist es möglich, über einen langen Zeitraum

konsequent zu trainieren und damit erfolgreich gegen den Rückenschmerz anzugehen.

Der chronische Rückenschmerz muss differenziert betrachtet werden. Es gilt heute als sicher, dass beim chronischen Rückenschmerz psychologische und organische Ursachen eine Rolle spielen. Eine Erklärungsmöglichkeit liefert hierbei das sogenannte Angst-vermeidungs-Modell. Betroffene sind der Meinung, Bewegung und Belastung wären die Ursache für ihre Beschwerden. Aus Angst vor weiteren Schmerzen vermeiden sie Bewegung in der Hoffnung, der Schmerz würde vergehen. Allerdings ist genau das Gegenteil der Fall. Es ist heute nachgewiesen, dass ein reduziertes Bewegungsverhalten zu einer Abnahme der Belastbarkeit der Wirbelsäule führt, was wiederum Ursache für neue Beschwerden ist. Eine Therapieoption bei chronischem Rückenschmerz kommt daher auch aus der Psychotherapie. Der Patient wird unter Anleitung des Physiotherapeuten mit seinem angstauslösenden Reiz, Bewegung und Belastung, konfrontiert. Durch die Erfahrung, dass kontrollierte Belastung keinen Schmerz auslöst oder diesen nicht verschlimmert, verlernt der Patient die bisherige Erfahrung, in welcher Belastung mit Schmerz gleichgesetzt wird. Der Sport hat in diesem Konzept eine elementare therapeutische Bedeutung.

Das Training für Menschen mit Rückenschmerzen

Die sogenannte medizinische Trainingstherapie ist im deutschen Gesundheitssystem bisher die einzige Möglichkeit, bei dem der Arzt dem Patienten Sport über ein Rezept verordnen kann und die Krankenkassen die Kosten dafür übernehmen. Leider wird in der Praxis immer noch häufig die Meinung vertreten, eine geringe Kraft der Rumpfmuskulatur wäre die einzige Ursache für Rückenbeschwerden. Häufig finden sich auch muskuläre Ungleichgewichte, sogenannte muskuläre Dysbalancen, als Ursache für den Rückenschmerz. Deshalb muss am Anfang eines Therapieprogramms durch den Arzt oder den Therapeuten ein Muskelfunktionstest durchgeführt werden. Oft findet sich dann als Ursache für die Rückenbeschwerden eine einseitig ausgebildete Rückenmuskulatur oder evtl. auch eine zu schwach trainierte Bauchmuskulatur. Zum Einstieg in ein Sport- bzw. Therapieprogramm sollte eine intensive Übungstherapie unter Anleitung eines erfahrenen Physiotherapeuten durchgeführt werden. Je nach Ausprägung der Symptomatik sollte über 3 bis 6 Wochen mit 2 bis 3 Übungseinheiten pro Woche gearbeitet werden. In diesen Einheiten müssen Übungen zur gezielten Kräftigung und Dehnung der betroffenen Körperpartien vermittelt werden. Ziel ist es, ein überschaubares Übungsprogramm zusammenzustellen, welches vom Patienten selbst 5- bis 6-mal pro Woche durchgeführt werden kann. Dieses Programm sollte einen Umfang von 15 bis 20 Minuten nicht überschreiten – dauert ein solches Programm länger, wird es in aller Regel nicht dauerhaft umgesetzt.

Die angeleitete Physiotherapie ist der Einstieg in die dauerhafte Eigenbehandlung. Mit dem Therapeuten sollte ein überschaubares Programm von maximal 15 bis 20 Minuten zusammengestellt werden, das zu Hause 5- bis 6-mal pro Woche durchgeführt werden kann.

Ein weiterer entscheidender Punkt in der Sporttherapie des Rückenschmerzes ist die Berücksichtigung psychologischer Aspekte. Es ist die Aufgabe des erfahrenen Sporttherapeuten, dem Patienten die Angst vor der Belastung zu nehmen. Ein solches Trainingsprogramm sollte für den chronischen Rückenpatienten nach Möglichkeit am Anfang eines Sportprogramms stehen. Je mehr beim Patienten die Überzeugung zunimmt, dass ihm Bewegung und Belastung nicht schadet, desto mehr kann das Training auch in Eigeninitiative durchgeführt werden.

Sind die Anfangsprobleme überwunden und wird das spezielle Übungsprogramm in Eigenregie konsequent durchgeführt, kann nahezu jede Sportart betrieben werden. Die häufige Unterteilung in rückenfreundliche und rückenschädliche Sportarten gilt heute als überholt. Sie mag allenfalls noch für den spezifischen Rückenschmerz Gültigkeit besitzen.

Grundsätzlich gilt hier die Vorgabe: Jeder Sport, der schmerzfrei durchgeführt werden kann, ist erlaubt. Im Vordergrund steht die regelmäßige Durchführung einer körperlichen Aktivität – dies ist in Kombination mit den spezifischen Übungen der beste Schutz vor einem Wiederauftreten der einmal besiegten Rückenschmerzen.

Übergewicht

Übergewicht wird im medizinischen Sinne am Gewicht-Längen-Index, dem sogenannten Body-Mass-Index (BMI) festgemacht. Dieser Index wird berechnet, indem das Gewicht durch die Körpergröße in Metern im Quadrat geteilt wird. Die Einheit für diesen Index ist kg/m2.

> **INFO**
>
> Body-Mass-Index – Berechnungsbeispiel:
> Bei einer Größe von 1,75 m und einem Gewicht von 75 kg ergibt sich folgende Formel:
> Gewicht/Größe in m^2= 75 kg/(1,75 m)^2 = 75/3,06 = 24,5 kg/m^2
> Bei diesem BMI würde man von einem Normalwert sprechen

Von Übergewicht spricht man, wenn der BMI zwischen 25 und 30 liegt, von Fettleibigkeit, wenn er sich über 30 befindet. In Deutschland sind, wie in den meisten anderen industrialisierten Ländern, etwa die Hälfte aller Menschen übergewichtig. Im strengen medizinischen Sinne wird Übergewicht nicht als Krankheit definiert. Allerdings ist es ein ganz wesentlicher Risikofaktor für viele andere Erkrankungen wie Zuckerkrankheit, Bluthochdruck, Fettstoffwechselstörungen, koronare Herzerkrankung, Niereninsuffizienz, Gelenkschäden, psychische und soziale Belastungen und vieles mehr. Zur Einschätzung des gesundheitlichen Risikos hat sich inzwischen die Messung des Bauchumfangs als effektiver erwiesen als die Berechnung des BMI oder die Messung des Körperfettanteils. Die Tabelle zeigt den Bauchumfang bei Männern und Frauen und das Risiko für gesundheitliche Komplikationen.

Physikalisch gesehen ist Übergewicht immer die Folge einer positiven Energiebilanz, d.h., es wird mehr Energie aufgenommen, als verbraucht wird. Diese überschüssige Energie lagert der Körper als Fett im Unterhautfettgewebe bzw. auch in und um die inneren Organe ein. Betrachtet man sich die Menschheitsgeschichte, so machte diese Fähigkeit zur Fettspeicherung durchaus Sinn. Die Lebensbedingungen waren in der Vergangenheit immer wieder geprägt von Hungersnöten und intensiver körperlicher Aktivität. Diejenigen, die in Zeiten eines erhöhten Nahrungsangebotes in der Lage waren, viel Energie in Form von Fett zu speichern, hatten einen unmittelbaren Überlebensvorteil für kommende Hungersnöte. Was in der Steinzeit ein Überlebensvorteil war, ist heute jedoch ein Nachteil, da es insbesondere in den industrialisierten Ländern in der Regel keine Hungersnöte mehr gibt. Ganz im Gegenteil spielt das Überangebot an Nahrungsmitteln zumindest in den Industrienationen eine zunehmend ungünstige Rolle. Zusätzlich fördert der zivilisationsbedingte Bewegungsmangel den ungünstigen Zustand der positiven Energiebilanz. Neben den Umwelteinflüssen wie vermehrtes Nahrungsangebot und zu geringe körperliche Aktivität weiß man heute, dass auch die Erbanlage, in unterschiedlicher Ausprägung, eine nicht unerhebliche Rolle für die Ausprägung eines Übergewichts spielt. Man geht davon aus, dass Übergewicht zu 25 bis 40 % erblich bedingt ist. Dies bedeutet jedoch keineswegs, dass wir unseren Genen schicksalhaft ausgeliefert wären. Wie schon oben beschrieben, ist Übergewicht immer auch durch Faktoren der Ernährung, des Energieverbrauchs, der Psychologie und des sozialen Umfelds mit verursacht. Es ist daher sehr wohl möglich, mit denselben Erbanlagen normalgewichtig zu bleiben oder übergewichtig zu werden. Vor allem das Bewegungsverhalten spielt hier eine entscheidende Rolle. Die deutliche Zunahme übergewichtiger Menschen in den letzten 25 Jahren hat ihre Ursache auch in einer Abnahme der körperlichen Aktivität und nicht nur in einer zu hohen Energiezufuhr. Insbesondere die körperliche Aktivität im Beruf, aber auch die allgemeine Bewegung im Rahmen von Alltagsaufgaben und Freizeitaktivitäten nahm in den vergangenen Jahren deutlich ab.

Wir sind unseren Genen nicht schicksalhaft erlegen! Insbesondere das Bewegungsverhalten spielt eine entscheidende Rolle, um sich gegen genetisch bedingtes Übergewicht zu wehren.

Risiko für gesundheitliche Komplikationen	Bauchumfang Männer	Bauchumfang Frauen
erhöht	größer als 94 cm	größer als 80 cm
deutlich erhöht	größer als 102 cm	größer als 88 cm

Sport und Übergewicht

Den meisten Menschen, die abnehmen wollen, geht es weniger um die Gesundheit als um ihr Aussehen. Woher die Motivation für die Gewichtsreduktion kommt, ist allerdings zweitrangig, glücklicherweise gehen die positiven Aspekte für die Körperkomposition und die Gesundheit Hand in Hand. Sport spielt eine große Rolle, wobei er grade zur Gewichtsabnahme mit einer gesunden und insbesondere energiereduzierten Ernährung kombiniert werden muss. Um dann allerdings eine erreichte Gewichtsreduktion zu halten, spielt der Sport die entscheidende Rolle.

Therapeutische Wirkung

Die therapeutische Wirkung des Sports bei übergewichtigen Menschen hat zahlreiche Nutzen:

1. Bewegung verbraucht Energie. Bei konstanter Nahrungsaufnahme kommt es durch die sportliche Aktivität zu einem Energiedefizit, d.h., man verbraucht mehr Energie, als man zuführt. In einer aktuellen Studie hat sich gezeigt, dass erst bei einem Trainingsumfang von 5 Stunden Ausdauertraining pro Woche effektive Körperfettverluste erzielt werden. Diese fallen nicht allzu üppig aus, da der Energiemehrverbrauch durch Bewegung im Regelfall überschätzt wird. Das verlorene Körperfett entspricht tatsächlich recht genau der eingesetzten Energie. Wenn man in der Woche 5 Stunden trainiert und dabei durch moderate Belastung etwa 2.000 kcal zusätzlich verbrennt, dann verliert man dabei etwa 200 bis 250 g Fett. Wer mehr Fett abbauen will, muss in jedem Fall auch die Energiezufuhr reduzieren und die Ernährung umstellen.

2. Der wichtigste Effekt einer sportlichen Belastung beim Abnehmen besteht in der Stabilisierung des erreichten Körpergewichts. Es zeigt sich immer wieder, dass es für viele Übergewichtige nicht das Problem ist, relativ schnell Gewicht zu verlieren, sondern dieses auch zu halten. Das funktioniert nachweislich mit körperlicher Aktivität besser. In einer Studie hatten die Teilnehmer zunächst durch eine spezielle Diät im Mittel 28 kg abgenommen. 2 Jahre später hatten die Teilnehmer im Durchschnitt wieder 57 % des Gewichtsverlustes zugenommen. Diejenigen Personen, die pro Woche durch regelmäßiges Walking zusätzlich 1.500 kcal verbrauchten, hatten nur 24 %, diejenigen mit einem zusätzlichen Verbrauch von 2.000 kcal pro Woche lediglich 13 % des verlorenen Gewichts wieder zugelegt.

adidas

3. Die gewichtsenkende Wirkung körperlicher Aktivität beruht nicht nur auf der akuten Steigerung des Energieverbrauchs, sondern auch auf einer Steigerung des Grundumsatzes. Das ist diejenige Energiemenge, die wir in Ruhe verbrauchen. Der Grundumsatz wird unter anderem durch die Muskelmasse bestimmt. Je höher die Muskelmasse, desto höher auch der Energieverbrauch in Ruhe. Ziel eines Bewegungsprogramms zur Gewichtsreduktion ist also immer auch, die Körperzusammensetzung zu ändern und einen höheren Anteil an Muskulatur zu entwickeln. Dies umso mehr, da es durch viele Diätformen nicht nur zu einem Verlust von Körperfett, sondern auch zu einem Verlust von Muskelmasse kommt.

Gewichtsreduktion ist nicht alles! Ein »fitter« Übergewichtiger kann eine bessere Gesundheit aufweisen als ein »unfitter« Dünner!

4. Selbst wenn man es nicht schaffen sollte, durch körperliche Aktivität abzunehmen, werden dennoch wesentliche Folgeerkrankungen des Übergewichts positiv beeinflusst. So bessern sich zum Beispiel die Blutfettwerte und das Fettverteilungsmuster, d.h., durch körperliche Aktivität wird das für die Gesundheit gefährliche Bauchfett abgebaut und das sogenannte gute Cholesterin (HDL-Cholesterin) wird erhöht. Entscheidend ist, dass hierdurch unabhängig von einer Gewichtsabnahme das gesundheitliche Risiko deutlich gesenkt werden kann. Gelingt es, durch körperliche Aktivität die Fitness zu verbessern, sind viele gesundheitliche Störungen wie Bluthochdruck, Blutzuckererkrankung oder Fettstoffwechselstörungen deutlich positiv zu beeinflussen.

Das Training für übergewichtige Menschen

Wer durch Sport abnehmen will, sollte wenigstens 2.000 kcal pro Woche zusätzlich verbrauchen. Das sind etwa 5 Stunden zusätzliche körperliche Aktivität pro Woche. Diesen Umfang muss man natürlich nicht sofort erreichen. Vielmehr sollte man insbesondere als Sporteinsteiger langsam anfangen. Die Kunst liegt darin, langfristig und konsequent die zusätzliche Aktivität in den Alltag einzubauen.Wie der Mehraufwand an Energieumsatz erzielt wird, ist zweitrangig. Rasenmähen, Gartenarbeit, mit dem Rad zur Arbeit oder Nordic Walking in einer Gruppe. In Studien zeigt sich, dass die sogenannte Alltagsstrategie zum Abnehmen genauso effektiv sein kann wie ein strukturiertes Sportprogramm. Entscheidend ist, dass die gleiche Energiemenge umgesetzt wird. Insbesondere Sportanfänger sollten immer eine geringe Belastungsintensität für den Einsteig wählen. Hierdurch wird der Spaß an der Bewegung unterstützt und Überbelastungen werden vermieden.

Praktische Tipps:

→ Ausdauersportarten eignen sich ganz besonders, da hier durch den Einsatz zahlreicher Muskelgruppen über einen längeren Zeitraum viel Energie verbraucht wird.

→ Grundsätzlich sollten Ausdauersportarten wie Schwimmen, Radfahren oder Walking bzw. Nordic Walking bevorzugt werden. Bei diesen Sportarten lässt sich die Belastungsintensität gut dosieren und das Risiko einer Überbelastung ist relativ gering.

→ Die Intensität der Ausdauerbelastung sollte ca. 70 bis 80 % der maximalen Herzfrequenz nicht überschreiten. Oberhalb dieser Belastungsbereiche wird die Energiebereitstellung unökonomisch und die Muskulatur kann übersäuern und wird schnell überbelastet.

→ Zumindest einmal pro Woche sollte ein längeres Ausdauertraining mit geringen Intensitäten (< 70 % der maximalen Herzfrequenz) durchgeführt werden. Bei diesen Intensitäten kann der Körper bereits bei der Belastung zu großen Teilen Fett zur Energiegewinnung verwenden.

INFO

Niedrige Belastungsintensitäten verhindern eine Überbelastung und ermöglichen dem Körper, schon während der Belastung einen möglichst hohen Anteil an Fett zur Energiebereitstellung zu benutzen.

→ Ein regelmäßiges Krafttraining bewirkt einen Muskelzuwachs, der den Grundumsatz erhöht und sich positiv auf die Energiebilanz auswirkt. In diesem Krafttraining sollten alle großen Muskelgruppen trainiert werden. Das Trainingsgewicht sollte so gewählt werden, dass zwischen 15 und 20 Wiederholungen geschafft werden.

→ Unabhängig davon, wie trainiert wird, darf nicht vergessen werden, dass die Gesamtenergiebilanz entscheidend ist. Wenn die verbrauchte Energie nach einer Trainingseinheit durch gesteigerte Nahrungszufuhr in Form von Kalorien wieder im Überschuss zugeführt wird, wird sich keine Gewichtsreduzierung einstellen!

Eine beispielhafte Trainingswoche könnte wie folgt aussehen:

ANFÄNGER:	
Tag	Aktivität
Mo	15 bis 20 Minuten zusätzliche Alltagsaktivität
Di	15 bis 20 Minuten zusätzliche Alltagsaktivität
Mi	30 Minuten Krafttraining
Do	15 bis 20 Minuten zusätzliche Alltagsaktivität
Fr	15 bis 20 Minuten zusätzliche Alltagsaktivität
Sa	Ruhetag
So	60 Minuten Fahrradtour

GEÜBTE:	
Tag	Aktivität
Mo	15 bis 20 Minuten zusätzliche Alltagsaktivität
Di	15 bis 20 Minuten zusätzliche Alltagsaktivität
Mi	40 Minuten Nordic Walking
Do	15 bis 20 Minuten zusätzliche Alltagsaktivität
Fr	30 Minuten Krafttraining
Sa	Ruhetag
So	90 Minuten Fahrradtour

FORTGESCHRITTENE:	
Tag	Aktivität
Mo	15 bis 20 Minuten zusätzliche Alltagsaktivität
Di	15 bis 20 Minuten zusätzliche Alltagsaktivität
Mi	60 Minuten Nordic Walking, 30 Minuten Krafttraining
Do	15 bis 20 Minuten zusätzliche Alltagsaktivität
Fr	30 Minuten Krafttraining
Sa	15 bis 20 Minuten zusätzliche Alltagsaktivität
So	120 Minuten Fahrradtour

Zuckerkrankheit

Die Zuckerkrankheit oder der Diabetes mellitus ist auf dem besten Weg, eine Massenerkrankung zu werden. 1950 waren nur 0,5 % der deutschen Bevölkerung erkrankt, inzwischen sind es mehr als 5 %, in manchen Alters- und Geschlechtsgruppen sogar bis zu 20 % der Personen. Besonders alarmierend: Immer häufiger sind auch schon Kinder betroffen – und das nicht nur von der kindlichen Form der Zuckerkrankheit, sondern von der sogenannten Typ-2-Form, die auch als Alterszucker bezeichnet wird.

Die Zuckerkrankheit beschreibt eine Erkrankung, bei der es zu einer Überzuckerung des Blutes kommt. Um diese Erkrankung zu verstehen, ist es zunächst notwendig, die gesunden Abläufe zu beschreiben: Wenn wir über die Nahrung Kohlehydrate zu uns nehmen, zum Beispiel in Form von Zucker, Nudeln, Reis oder Brot, baut der Verdauungsapparat diese Kohlehydrate zu Zucker ab. Dieser wird ins Blut abgegeben und steht dann der Muskulatur oder z. B. auch dem Gehirn als Energiequelle zur Verfügung. Unser Körper ist bestrebt, den Blutzuckerspiegel, in engen Grenzen konstant zu halten. Sowohl ein zu hoher als auch ein zu niedriger Blutzuckerspiegel macht Probleme und ist gefährlich. Während der Verdauungsphase steigt der Blutzuckerspiegel an, je mehr Einfachzucker (z. B. Süßigkeiten) in der Mahlzeit sind, umso schneller. Damit der Blutzuckerspiegel nicht zu hoch steigt, schüttet die Bauchspeicheldrüse das Hormon Insulin aus. Das Insulin sorgt dafür, dass der Blutzucker vor allem in die Muskelzellen transportiert und dort verbrannt wird. Der Gegenspieler des Insulins ist das Glukagon. Dieses Hormon sorgt dafür, dass bei zu niedrigem Blutzuckerspiegel Zucker, vor allem aus der Leber, in das Blut abgegeben wird. Dieses fein abgestimmte Zusammenspiel von Insulin und Glukagon hält den Blutzuckerspiegel im Gleichgewicht.

Diabetes mellitus Typ 1:

Bei dieser Art der Zuckerkrankheit kann der Körper selbst kein Insulin produzieren. Ursache ist meist eine Zerstörung der insulinproduzierenden Zellen durch das körpereigene Immunsystem. Hierfür werden heute unterschiedliche Ursachen diskutiert. Neben einer gewissen Veranlagung können Infektionen und allergische Reaktionen eine entscheidende Rolle spielen, die genauen Abläufe sind jedoch bis heute nur teilweise bekannt. Der Typ-1-Diabetiker ist im lebenslang auf eine Insulinzufuhr von außen angewiesen. Der Anteil der Typ-1-Form an allen Diabetikern beträgt lediglich 5 bis 10 %.

Diabetes mellitus Typ 2:

Mindestens 90 % aller Zuckerkranken haben Diabetes mellitus Typ 2. Bei dieser Variante sind die insulinproduzierenden Zellen zunächst intakt. Der Körper kann Insulin produzieren. Das Problem liegt auf der Seite der Körperzellen (z. B. der Muskelzellen). Diese sind nicht mehr sensibel genug, um auf Befehl des Insulins den Traubenzucker in die Zelle zu lassen. Er verbleibt im Blut. Daraufhin erhöht die Bauchspeicheldrüse die Insulinproduktion, was wiederum wenig oder keinen Effekt hat. Es kommt zur Überzuckerung des Blutes. Der Diabetes mellitus Typ 2 ist entstanden. Die genaue Ursache für die zu geringe Sensibilität der Körperzellen ist bisher unklar. Das entscheidende Problem liegt in der Kombination aus genetischer Disposition mit Übergewicht und zu geringer körperlicher Bewegung. Vor allem das Fett, das um die Körpermitte lagert, das sogenannte Bauchfett, spielt eine entscheidende Rolle. Die Typ-2-Zuckerkrankheit wird daher auch als Wohlstandskrankheit bezeichnet.

Bei beiden Varianten kommt es zu einer Überzuckerung des Blutes. Da durch den Insulinmangel der Traubenzucker nicht in die Körperzellen, v. a. auch die Muskel- und Gehirnzellen, transportiert werden kann, kommt es dort zu einem Energiemangel. Müdigkeit und Muskelschwäche sind daher die ersten Symptome der Zuckerkrankheit. Der Körper versucht, sich zu helfen, indem er eine zweite wichtige Energiequelle aktiviert: die Fette. Diese werden normalerweise ebenfalls in den Muskelzellen verbrannt. Ohne die gleichzeitige Anwesenheit von Traubenzucker ist aber auch das nicht möglich. Das Fett verbleibt ebenfalls im Blut und es zeigen sich erhöhte Blutfettwerte, was wiederum ein hohes Risiko für die Gefäßverkalkung (Arteriosklerose) bedeutet. Durch den Energiemangel in den Körperzellen ist auch das Immunsystem geschwächt.

Weitere Spätfolgen sind: Nerven- und Gefäßstörungen, v.a. im Bereich der Beine, Nierenschädigungen, Sehstörungen und Schädigungen der Fortpflanzungsorgane.

NFO

Die Veränderung des Lebensstils durch verbesserte Ernährungsgewohnheiten und eine vermehrte körperliche Aktivität ist die Grundlage für eine erfolgreiche Therapie der Zuckerkrankheit vom Typ 2.

Sport und die Zuckererkrankung

Ein Trainingsprogramm ist in der Behandlung von Typ-2-Diabetikern so elementar, dass man sich fragt, warum es nicht jeder nutzt! Der positive Nutzen kann, bei rechtzeitigem Beginn, so weit gehen, dass man die Erkrankung komplett heilen kann. Aber auch wenn die Zuckerkrankheit schon weit fortgeschritten ist: Das Sporttreiben lohnt sich immer! Sowohl die körperlichen Auswirkungen der Zuckerkrankheit als auch die Lebensqualität der Patienten werden durch Sport entscheidend positiv beeinflusst.

Therapeutische Wirkung

Sind die insulinbildenden Zellen in der Bauchspeicheldrüse zerstört, was bei Typ 1 immer der Fall ist, bei Typ 2 nicht zwangsläufig, stellt der Sport keine ursächliche Behandlung für die Erkrankung dar. Die insulinbildenden Zellen sind zerstört und bleiben es. Nichtsdestotrotz sollte man auch in diesem Stadium Sport treiben. Hierdurch kann der Blutzuckerspiegel unmittelbar gesenkt werden. Die Zuckererkrankung ist zwar nicht mehr heilbar, der entscheidende Faktor ist aber: Folgeerkrankungen, wie zum Beispiel Herz-Kreislauf-Erkrankungen, können abgemildert oder verhindert werden. Beim Typ-2-Diabetiker mit zumindest teilweise intakter Insulinproduktion und einer Insulinresistenz eröffnet der Sport die Möglichkeit, Einfluss auf das ursächliche Problem zu nehmen.

Sie haben es selbst in der Hand, Ihre Krankheit zu besiegen.

Dabei sind zwei Effekte entscheidend:

1. Die körperliche Bewegung erhöht die Sensibilität der Muskelzellen für Insulin. Dadurch können diese mehr Zucker verbrennen. Dieser Effekt führt zu einer direkten Abnahme des Blutzuckerspiegels während der Bewegung. Darüber hinaus erreicht man aber auch einen langfristigen therapeutischen Effekt. Solange die insulinbildenden Zellen noch nicht zerstört sind, kann man die Zuckererkrankung aufhalten und in vielen Fällen sogar heilen. Im schweren fortgeschrittenen Stadium kann zumindest eine Verbesserung der Symptome und damit eine deutliche Verbesserung der Lebensqualität erreicht werden.

2. Sport reduziert unter anderem das Bauchfett. Dieses spielt eine wichtige Rolle bei der Entstehung des Diabetes mellitus Typ 2. Man weiß heute, dass das Bauchfett keine tote Speichermasse ist, sondern wichtige Aufgaben des Stoffwechsels übernimmt. Beim Typ-2-Diabetiker ist diese Fähigkeit gestört. Durch körperliche Aktivität, u. a. Ausdauertraining, lernt die Muskelzelle, wieder Fette als Energiequelle zu nutzen und diese aus dem Bauchfett abzubauen.

Das Training für Menschen mit der Zuckerkrankheit

Wenn ein insulinpflichtiger Diabetiker Sport treibt, müssen primär folgende Regeln eingehalten werden: Vor und nach sportlichen Belastungen muss die gespritzte Insulinmenge vermindert werden. Während und nach der Belastung sollten schnell verwertbare Kohlehydrate aufgenommen werden. Die Frage, um wie viel die Insulindosis reduziert werden muss und wie viele Kohlehydrate in welcher Form zugeführt werden müssen, kann nicht pauschal beantwortet werden. Zu viele individuelle Einflussfaktoren wie Belastungsdauer und -intensität, Trainingszustand, Blutzuckerausgangswert und vieles mehr spielen eine Rolle. Jeder insulinpflichtige Diabetiker muss hier in Zusammenarbeit mit seinem Arzt eigene Erfahrungen sammeln.

Für den Diabetes mellitus Typ 2 liegen heute zahlreiche Studien vor, die den positiven Einfluss von Bewegung belegen. Alle Fachgesellschaften weisen inzwischen ausdrücklich auf die Bedeutung körperlicher Aktivität hin. Empfohlen wird nicht nur Ausdauertraining, sondern inzwischen auch gezieltes Krafttraining. In einer aktuellen amerikanischen Untersuchung zeigte sich, dass ein Ausdauertraining die Blutzuckerregulation um 51 % verbesserte, ein Krafttraining um 38 %. Es kann also davon ausgegangen werden, dass auch ein Krafttraining effektiv ist, wenn auch in geringerem Ausmaß als das Ausdauertraining. Am effektivsten war in dieser Studie allerdings die Kombination aus beiden Trainingsvarianten. Hier verbesserte sich die Blutzuckerregulation nochmals um 46 %, verglichen mit dem alleinigen Ausdauertraining, und um 59 %, verglichen mit dem alleinigen Krafttraining.

Wollen Sie sich diese Chance entgehen lassen? Die Kombination aus Kraft- und Ausdauertraining kann Ihr Leben verändern. Nutzen Sie diese Möglichkeit! Der Einstieg ist wirklich leicht. Das Einzige, was Sie benötigen, ist Zeit und den Willen, Ihre Krankheit zu besiegen. In einer ersten Gewöhnungsphase reicht es, wenn Sie pro Einheit 15 bis 20 Minuten Ausdauer trainieren und etwa 20 Minuten Kraft. Mit verbesserter Leistungsfähigkeit steigern sich dann die Trainingszeiten beim Ausdauertraining. Der zeitliche Umfang beim Krafttraining bleibt etwa gleich.

Die folgende Tabelle zeigt den Trainingsplan aus der oben zitierten Studie. Er geht über ein halbes Jahr und steigert Schritt für Schritt die Belastungsintensität und die Belastungsumfänge, bis hin zu den aktuellen Empfehlungen der medizinischen Fachgesellschaften.

	AUSDAUERTRAINING			KRAFTTRAINING		
Woche	Dauer in Minuten	Intensität (% MHF)	Häufigkeit/ Woche	Durchgänge	Wiederholungen	Häufigkeit/ Woche
Gewöhnungsphase						
1 bis 2	15	60	3	1	15	2
3 bis 4	20	60	3	2	15	2
Trainingsphase						
5 bis 6	25	70	3	3	12	3
7 bis 8	30	70	3	3	12	3
9 bis 10	35	70	3	3	12	3
11 bis 12	40	70	3	3	10	3
13 bis 16	45	70	3	3	8	3
17 bis 19	45	75	3	3	8	3
20 bis 26	45	75	3	3	8	3

So fit sind Sie wirklich!

Fitnesstests

Die nun folgenden Tests helfen Ihnen, Ihre körperliche Fitness besser einzuschätzen. Stellen Sie Ihre Kraft, Ausdauer, Koordination und Beweglichkeit auf die Probe! Sie werden merken: Es macht nicht nur Spaß, sondern Sie gewinnen auch ein klares Bild über Ihre derzeitige Verfassung.
Aus unserer Erfahrung wissen wir, dass insbesondere Sporteinsteiger häufig ihre Leistungsfähigkeit überschätzen und sich deshalb beim Sport zu intensiv belasten. Wer klar sieht, wo er steht, kann auch klare Ziele formulieren, wo er hinwill.
Wiederholen Sie die Tests in regelmäßigen Abständen. Sie werden sehen, wie sich Ihre Ausdauer, Kraft, Koordination und Beweglichkeit mit der Zeit verändern. Die Tests liefern somit handfeste Erfolgserlebnisse, die Sie sich nicht entgehen lassen sollten.

Der Ausdauertest

Der folgende Walking-Test eignet sich ideal für Gesundheits- und Freizeitsportler, um die Ausdauerleistungsfähigkeit zu bestimmen. Die Belastung ist gut kontrollierbar und orthopädisch unbedenklich. Somit können Sie auch ohne größere Sporterfahrung Ihre Ausdauer auf die Probe stellen.

Voraussetzungen

Alles, was Sie benötigen, ist eine ebene, abgemessene Gehstrecke (Halle, Laufbahn o.Ä.), eine Stoppuhr und evtl. einen elektronischen Pulsmesser.

So wird es gemacht:

Gehen Sie mit forciertem Armeinsatz schnellstmöglich zwei Kilometer, ohne dabei zu laufen, d.h., es dürfen nicht gleichzeitig beide Füße vom Boden abgehoben werden.
Messen Sie die benötigte Zeit und bestimmen Sie unmittelbar im Ziel Ihren Puls.

Die Herzfrequenz lässt sich auch ohne elektronischen Pulsmesser einfach bestimmen:

Legen Sie dazu die Fingerkuppen an die Halsschlagader und zählen Sie die Pulsschläge für die Dauer von zehn Sekunden. Multiplizieren Sie den ermittelten Wert mit sechs. Das Ergebnis ist die Zahl der Pulsschläge pro Minute.
Für die Berechnung Ihres Walking-Index benötigen Sie zusätzlich Ihr Lebensalter und Ihren Body-Mass-Index (siehe Seite 120).

	MÄNNER	FRAUEN
1. Berechnen und addieren Sie folgende Einzelwerte:		
Gehzeit (volle Minuten)	_____ x 11,6 = _____	_____ x 8,5 = _____
(restliche Sekunden)	_____ x 0,2 = _____	_____ x 0,14 = _____
Belastungspuls	_____ x 0,56 = _____	_____ x 0,32 = _____
BMI	_____ x 2,6 = _____	_____ x 1,1 = _____
Zwischensumme	_____	_____
2. Subtrahieren Sie von dieser Summe: Lebensalter (Jahre)	_____ x 0,2 = _____	_____ x 0,4 = _____
Zwischensumme	_____	_____
3. Subtrahieren Sie diese Zwischensumme von	420 – _____	304 – _____
Walking-Index	= _____	= _____

Beurteilung	Fitnessindex
Sehr gut	mehr als 130
Gut	111 bis 130
Mittel	90 bis 110
Schwach	70 bis 89
Sehr schwach	weniger als 70

Der Beinkrafttest

Ausgangsstellung: Setzen Sie sich mit rechtwinklig gebeugten Beinen und legen Sie die Hände an Ihre Hüften. Heben Sie nun ein Bein etwas vom Boden ab.
Endposition: Stehen Sie kontrolliert auf und setzen Sie sich anschließend wieder hin. Das angehobene Bein darf dabei kurz abgestellt werden. Frauen zählen die maximale Anzahl korrekter Kniebeugen innerhalb von 30 Sekunden, Männer in einem Zeitraum von 45 Sekunden. Testen Sie beide Seiten!

FRAUEN					
Alter	sehr gut	gut	befriedigend	ausreichend	mangelhaft
20 bis 29	> 15	12 bis 15	8 bis 11	5 bis 7	< 5
30 bis 39	> 13	11 bis 13	7 bis 10	4 bis 6	< 4
Ab 40	> 11	9 bis 11	6 bis 8	3 bis 5	< 3

MÄNNER					
Alter	sehr gut	gut	befriedigend	ausreichend	mangelhaft
20 bis 29	> 18	15 bis 18	11 bis 14	7 bis 10	< 7
30 bis 39	> 16	13 bis 16	9 bis 12	5 bis 8	< 5
Ab 40	> 13	11 bis 13	7 bis 10	4 bis 6	< 4

Der Bauchmuskeltest

Ihre Bauchmuskeln sind von großer Bedeutung für die Stabilität Ihres Rumpfes und unterstützen die Funktion der Wirbelsäule.
Ausgangsstellung: Legen Sie sich mit angewinkelten Beinen auf den Rücken und strecken Sie die Arme in Richtung Ihrer Füße. Markieren Sie den vordersten Punkt Ihrer Fingerspitzen mit einem Klebestreifen. Ein zweiter Streifen im Abstand von zehn Zentimetern markiert die Endposition der Bewegung.

Heben Sie nun den Kopf etwas von der Unterlage ab. Halten Sie dabei Ihren Nacken stabil, indem Sie versuchen ein leichtes Doppelkinn zu machen.

Endposition: Rollen Sie nun Ihren Oberkörper nach vorn ein, bis Sie mit Ihren Fingern die Markierung erreichen. Gehen Sie anschließend gleichmäßig in die Ausgangsstellung zurück, ohne den Kopf abzulegen. Wie viele Wiederholungen schaffen Sie?

FRAUEN					
Alter	sehr gut	gut	befriedigend	ausreichend	mangelhaft
20 bis 29	> 34	30 bis 34	25 bis 29	20 bis 24	< 20
30 bis 39	> 29	25 bis 29	20 bis 24	15 bis 19	< 15
Ab 40	> 24	20 bis 24	15 bis 19	10 bis 15	< 10

MÄNNER					
Alter	sehr gut	gut	befriedigend	ausreichend	mangelhaft
20 bis 29	> 39	35 bis 39	30 bis 34	25 bis 29	< 25
30 bis 39	> 34	30 bis 34	25 bis 29	20 bis 24	< 20
Ab 40	> 29	25 bis 29	20 bis 24	15 bis 19	< 15

Der Rückentest

Ihre Rückenmuskulatur spielt für die Körperhaltung und die Stabilität der Wirbelsäule eine wesentliche Rolle. Wir empfehlen Ihnen, diesen Muskelbereich regelmäßig in Ihr Kräftigungsprogramm zu integrieren.

Ausgangsstellung: Gehen Sie in den Kniestand. Kreuzen Sie die Arme auf der Brust und legen Sie die Hände auf die Schultern. Rollen Sie den Körper, so weit wie möglich, nach unten, bis der Kopf etwas über der Unterlage ist.

Endstellung: Strecken Sie Ihren Rücken und richten Sie Ihren Oberkörper auf. Der Rücken ist in der Endstellung gerade und nach vorn geneigt. Die Stellung der Beine und des Beckens darf nicht verändert werden. Eine Wiederholung sollte etwa zwei Sekunden dauern. Vergleichen Sie Ihre maximale Anzahl der Wiederholungen mit den Werten der unteren Tabelle.

FRAUEN					
Alter	**sehr gut**	**gut**	**befriedigend**	**ausreichend**	**mangelhaft**
20 bis 29	> 30	26 bis 30	22 bis 25	19 bis 21	< 19
30 bis 39	> 28	24 bis 28	21 bis 23	18 bis 20	< 18
Ab 40	> 26	22 bis 26	19 bis 21	17 bis 18	< 17

MÄNNER					
Alter	**sehr gut**	**gut**	**befriedigend**	**ausreichend**	**mangelhaft**
20 bis 29	> 39	33 bis 39	28 bis 32	24 bis 27	< 24
30 bis 39	> 36	31 bis 36	27 bis 30	23 bis 26	< 23
Ab 40	> 33	28 bis 33	24 bis 27	21 bis 23	< 21

Der Liegestütztest

Der Liegestütz zählt zu den »Fitnessklassikern«. Nahezu alle Muskelgruppen des gesamten Oberkörpers von den Armen bis zum Schultergürtel sind gefordert. Zusätzlich muss der Rumpf aktiv sein, um den Rücken zu stabilisieren.

Ausgangstellung: Setzen Sie Ihre Hände unterhalb der Schultern auf und halten Sie den Kopf in Verlängerung der Wirbelsäule. Männer absolvieren die Übung mit gestrecktem Körper, Frauen heben ihre Füße überkreuzt vom Boden ab. Stabilisieren Sie Ihren Rücken, indem Sie die Bauchdecke leicht einziehen.

Endstellung: Senken Sie beim Einatmen den Oberkörper langsam Richtung Boden, ohne ganz abzusetzen. Der Ober- und Unterarm bilden dabei einen rechten Winkel. Mit der Ausatmung drücken Sie sich nach oben. Zählen Sie Ihre maximal mögliche Anzahl von Wiederholungen. Achten Sie auf eine fließende Bewegung und vermeiden Sie ruckartige Bewegungen Eine Wiederholung sollte etwa zwei Sekunden dauern.

FRAUEN					
Alter	sehr gut	gut	befriedigend	ausreichend	mangelhaft
20 bis 29	> 25	21 bis 25	18 bis 20	15 bis 17	< 15
30 bis 39	> 23	20 bis 23	17 bis 19	14 bis 16	< 14
Ab 40	> 21	18 bis 21	16 bis 17	13 bis 15	< 13

MÄNNER					
Alter	sehr gut	gut	befriedigend	ausreichend	mangelhaft
20 bis 29	> 32	28 bis 32	24 bis 27	18 bis 23	< 18
30 bis 39	> 27	23 bis 27	19 bis 22	15 bis 18	< 15
Ab 40	> 22	19 bis 22	16 bis 18	13 bis 15	< 13

Der Beweglichkeitstest

Für die Funktion Ihrer Muskulatur spielt neben der Kraft auch die Beweglichkeit eine Rolle. Entgegen früheren Annahmen führt jedoch ein gezieltes Krafttraining keinesfalls zu einer Abnahme Ihrer Beweglichkeit. Im Gegenteil: Wer seine Gelenke regelmäßig bewegt, kann die Flexibilität der Muskulatur auch mit zunehmendem Alter erhalten. Unsere Muskulatur passt sich den Erfordernissen des Alltags an. Wer den ganzen Tag vorwiegend einseitige Tätigkeiten vollbringt, wird zwangsläufig an Beweglichkeit einbüßen. Ein gezieltes Dehnungsprogramm ist vor allem dann zu empfehlen, wenn Sie deutliche Defizite in Ihrer Beweglichkeit haben. Um diese zu überprüfen, sollten Sie sich dem folgenden Beweglichkeitstest unterziehen. Getestet werden die wichtigsten Gelenkbereiche, die erfahrungsgemäß am häufigsten eingeschränkt sind.

Die Beinbeugemuskulatur

Heben Sie in Rücklage das gestreckte Bein maximal in die Senkrechte. Das andere Bein bleibt dabei gestreckt am Boden liegen (eventuell mithilfe eines Partners). Vermeiden Sie eine Ausweichbewegung der Wirbelsäule. Gemessen wird die Hüftbeugung.

TESTPOSITION	BEWERTUNG
Das gestreckte Bein ist deutlich unterhalb der Senkrechten.	Ihre Beinbeugemuskulatur ist schlecht dehnfähig.
Die Beugung erreicht fast die senkrechte Position (ca. 80°).	Ihre Beinbeugemuskulatur ist normal dehnfähig.
Sie erreichen mindestens einen rechten Winkel.	Ihre Beinbeugemuskulatur ist überdurchschnittlich dehnfähig.

Die Hüftbeugemuskulatur

Legen Sie sich mit dem Rücken auf eine Bank oder einen stabilen Tisch. Das Gesäß schließt mit dem Tischende ab. Ziehen Sie mit beiden Händen ein Bein maximal zum Rumpf. Lassen Sie das zu testende Bein locker und entspannt hängen. Die Lendenwirbelsäule darf dabei den Kontakt zur Unterlage nicht verlieren! Zur Auswertung wäre ein Partner hilfreich.

TESTPOSITION	BEWERTUNG
Ihr Oberschenkel zeigt aufwärts, das Kniegelenk steht höher als das Hüftgelenk.	Ihre Hüftbeugemuskulatur ist schlecht dehnfähig.
Ihr Oberschenkel erreicht die Horizontale.	Ihre Hüftbeugemuskulatur ist normal dehnfähig.
Ihr Oberschenkel zeigt abwärts, das Kniegelenk ist niedriger als das Hüftgelenk.	Ihre Hüftbeugemuskulatur ist überdurchschnittlich dehnfähig.

Die Brustmuskulatur

Legen Sie sich mit angewinkelten Beinen auf den Boden. Der gesamte Rücken und das Gesäß haben Kontakt zur Unterlage. Heben Sie nun die gestreckten Arme über den Kopf nach hinten, ohne die Position des Rückens zu verändern. Die Handflächen zeigen dabei nach vorn.

TESTPOSITION	BEWERTUNG
Sie erreichen mit gestreckten Armen keinen Bodenkontakt.	Ihre Brustmuskulatur ist schlecht dehnfähig.
Sie erreichen mit gestreckten Armen Bodenkontakt.	Ihre Brustmuskulatur ist normal bzw. gut dehnfähig.

Der Gleichgewichtstest

Die Koordination hat, ähnlich wie die Beweglichkeit, zunächst keinen direkten Einfluss auf die Vorbeugung von Erkrankungen und die Heilkraft des Sports. Eine gute Bewegungskoordination kann jedoch viel Kraft und Ausdauer einsparen. Sie äußert sich in einer hohen Bewegungssicherheit und gutem Gleichgewicht, was wiederum Unfällen und Verletzungen insbesondere bei älteren Menschen vorbeugen kann. Eine Verbesserung der Koordination ist in jedem Alter erreichbar und wünschenswert! Ein spezielles Koordinationstraining ist in der Regel nicht notwendig. Vielseitige Bewegungen verbessern automatisch Ihre koordinativen Fähigkeiten.

Dieser Test ist schnell und einfach in der Durchführung. Bei deutlichen Defiziten können Sie die Übung auch im Alltag zwischendurch durchführen. Stellen Sie sich auf einen ebenen Untergrund und heben Sie ein Bein etwas vom Boden ab. Nehmen Sie nacheinander die folgenden Positionen ein. Wie viel Schwierigkeitsgrade können Sie erreichen? Testen Sie beide Seiten.

SCHWIERIGKEIT	SIE KÖNNEN DEN EINBEINSTAND ...
1	weniger als 5 Sekunden ausbalancieren
2	mehr als 5 Sekunden ausbalancieren
3	mehr als 10 Sekunden ausbalancieren
4	auf dem Fußballen stehend mindestens 5 Sekunden ausbalancieren.
5	auf dem Fußballen stehend mit geschlossenen Augen mindestens 5 Sekunden ausbalancieren
6	auf dem Fußballen stehend mit geschlossenen Augen und Kopf in den Nacken genommen mindestens 5 Sekunden ausbalancieren

FRAUEN UND MÄNNER					
Alter	sehr gut	gut	befriedigend	ausreichend	mangelhaft
20 bis 29	6	5	4	3	1 bis 2
30 bis 39	6	5	4	3	1 bis 2
Ab 40	5 bis 6	4	3	2	1

Die Autoren

Rosi Mittermaier war 16-mal Deutsche Meisterin, 9-mal Weltcup-Siegerin und gewann 1976 bei den Olympischen Spielen in Innsbruck 2-mal Gold (Abfahrt, Slalom) und 1-mal Silber (Riesenslalom), wurde Weltcup-Gesamtsiegerin und Sportlerin des Jahres. 1980 heiratete sie Christian Neureuther, 1981 wurde ihre Tochter Ameli und 1984 ihr Sohn Felix geboren. Rosi erhielt zahlreiche Auszeichnungen u.a. 2001 die »Goldenen Sportpyramide« durch die Deutsche Sporthilfe, 2005 das Bundesverdienstkreuz und 2007 das Bayerische Verdienstkreuz. Seit April 2000 ist sie Schirmherrin der Kinder-Rheumastiftung, seit Januar 2002 Botschafterin der Initiative gegen Knochenschwund.

Christian Neureuther war 12-mal Deutscher Meister, 6-mal Weltcup-Sieger u.a. 1979 beim Hahnenkamm-Rennen in Kitzbühel und 3-mal beim Lauberhornslalom. Kommentierte zunächst bei Eurosport, später bei der ARD über Jahre hinweg die wichtigsten Skiereignisse. Er ist im Präsidiumsmitglied im OK für die »Skiweltmeisterschaften 2011 in Garmisch-Partenkirchen« und ist auch in die Münchner Olympiabewerbung für 2018 eingebunden. Zusammen mit Rosi ist er Autor zahlreicher sehr erfolgreicher Sportbücher, u.a. 1993 »Walking«, 2004 »Nordic Walking«, 2006 »Nordic Walking – Das Praxisbuch«, 2006 »Gesunder Rücken mit Nordic Walking«. In diesem Zusammenhang bekam er 2007 den Sportpreis des Bayerischen Ministerpräsidenten für die »Innovation im Sport«.

Dr. med. Bernd Wolfarth ist leitender Oberarzt der Abteilung für Präventive und Rehabilitative Sportmedizin der TU München. Er ist Facharzt für Innere Medizin und Sportmediziner. Neben seiner klinischen Tätigkeit unterrichtet er Medizinstudenten und Sportstudenten an der TU München in den Fachbereichen Prävention, Rehabilitation und Sportmedizin. Sein Forschungsschwerpunkt ist die Bedeutung der Genetik für die Leistungsfähigkeit und die Trainierbarkeit. Dr. Wolfarth ist leitender Verbandsarzt des Deutschen Skiverbandes und betreut seit vielen Jahren die Deutsche Skinationalmannschaft und die Biathlon-Nationalmannschaft.

Christof Baur und **Bernd Thurner** arbeiten als Diplomsportlehrer im Therapie- und Trainingszentrum Friedberg, dem offiziellen Therapiezentrum des Olympiastützpunktes Bayern. Sie sind erfolgreiche Autoren zahlreicher Fintess-Bücher. Internetseite: www.baur-thurner.de

Literatur

Alexander CM, Landsman PB, Teutsch SM, Haffner SM: NECP-Defined Metabolic Syndrome, Diabetes, and Prevalence of Coronary Heart Disease Among NHANES III Participants AGE 50 Years and older. Diabetes. 52: 1210-1214 (2003).

Arbeitsgemeinschaft der Wissenschaftlichen Medizinischen Fachgesellschaften: Praxis-Leitlinien der Deutschen Diabetes-Gesellschaft: Diabetes, Sport und Bewegung. Diabetologie. 1 Suppl 2: 243-246 (2006).

Banz WJ, Meher MA, Thompson WG, et al: Effects of Resistance versus Aerobic Training on Coronary Artery Disease Factors. Experimental Biology and Medicine. 228: 434-440 (2003).

Begerow B, Pfeifer M, Minne H: Sport und Bewegungstherapie in der Rehabilitation der Osteoporose. Teil 2: Bewegung und Therapie. Deutsche Zeitschrift für Sportmedizin. 55, 11: 301-302 (2004).

Berg A, Halle M, König D: Adipositas im Erwachsenenalter. In: Halle M, Berg A, Hambrecht R, Schmidt-Trucksäß A (Hrsg.): Sporttherapie in der Medizin. Stuttgart: Schattauer (2008)

Berg A, König D: Aspekte zur Prävention und Therapie von Fettstoffwechselstörungen unter besonderer Berücksichtigung des metabolischen Syndroms. Deutsche Zeitschrift für Sportmedizin. 56,3: 74-82 (2005).

Blair SN, Cheng Y, Holder JS: Is physical activity or physical fitness more important in defining health benefits? Medicine and science in Sports and Exercise. 33,6: 379-399 (2001).

Bock A, Halle M, Sorichter S: Asthma Bronchiale. In: Halle M, Berg A, Hambrecht R, Schmidt-Trucksäß A (Hrsg.): Sporttherapie in der Medizin. Stuttgart: Schattauer (2008)

Bös K, Woll A: Wirkungen von Gesundheitssport. Bewegungstherapie und Gesundheitssport. 20: 97-106 (2004).

Boule' NG, Haddad E, Kenny GP, et al: Effects of Exercise on Glycemic Control and Body Mass in Type 2 Diabetes Mellitus – A Meta-analysis of Controlled Clinical Trials. The Journal of the American Medical Association. 286: 1218-1227 (2001).

Broocks A, Bandelow B, Pekrun G, et al: A comparison of aerobic exercise, clomipramine and placebo in the treatment of panic disorder. Am J Psychatry 155: 603-609 (1998).

Carroll D, Smith GD, Shiply MJ, et al: Blood Pressure Reactions to Acute Psychological Stress and Future Blood Pressure Status: A 10-Year Follow-Up of Men in the Whitehall II Study. Psychosomatic Medicine 63: 737-743 (2001).

Clark AM, Hartling L, Mc Alister FA, et al: Meta-Analysis: Secondary Prevention Programms for Patients with Coronary Artery Disease. Ann Intern Med. 143: 659-672 (2005).

Dimeo F: Welche Rolle spielt körperliche Aktivität in der Prävention, Therapie und Rehabilitation von neoplastischen Erkrankungen? Deutsche Zeitschrift für Sportmedizin, 55, 7/8: 177-182 (2004).

Dimeo F, Halle M, Henningsen P: Depression. In: Halle M, Berg A, Hambrecht R, Schmidt-Trucksäß A (Hrsg.): Sporttherapie in der Medizin. Stuttgart: Schattauer (2008)

Ehrsam R, Stoffel S, Mensink G, Melges T: Übergewicht und Adipositas in den USA, Deutschland, Österreich und der Schweiz. Deutsche Zeitschrift für Sportmedizin. 55, 11: 278-285 (2004).

Engelhardt M: Epidemiologie der Arthrose in Westeuropa. Deutsche Zeitschrift für Sportmedizin. 54, 6: 171-175 (2003).

European Commission COST B13 Management Committee. European guidelines for the management of low back pain. Acta Orthop Scand. 73 :20-25 (2003).

Eves ND, Plotnikoff RC: Resistance Training and Type 2 Diabetes. Diabetes Care. 29: 1933-1941 (2006).

Fuchs R, Göhner W, Seelig H: Aufbau eines körperlich-aktiven Lebensstils. Hogrefe. Göttingen (2007).

Guidelines Committee 2003. European Society of Hypertension/ European Society of Cardiology: Guidelines for the Management of Arterial Hypertension. J. Hypertens. 21: 1011-1055 (2003).

Halle M, König D, Berg A: Dyslipoproteinämie. In: Halle M, Berg A, Hambrecht R, Schmidt-Trucksäß A (Hrsg.): Sporttherapie in der Medizin. Stuttgart: Schattauer (2008)

Hauner H, Buchholz G, Hamann A: Prävention und Therapie der Adipositas. Evidenzbasierte Leitlinie, Version 2007. Deutsche Adipositas-Gesellschaft u.a. (2007).

Hansel J, Simon P: Sekundärprävention der koronaren Herzerkrankung durch Bewegung – Was ist gesichert? Deutsche Zeitschrift für Sportmedizin. 58, Nr. 2: 65-66 (2007).

Hebebrand J, Dabrock P, Lingenfelder M, et al: Ist Adipositas eine Krankheit? Deutsches Ärzteblatt. 101, 37: A2468-A2474 (2004).

Hildebrandt J.: Paradigmenwechsel im Umgang mit dem Rückenschmerz – Kosequenzen für die bewegungstherapeutische Intervention. Bewegungstherapie und Gesundheitssport. Jg. 21. Heft 04: 146-151 (2005).

Hildebrandt J, Müller G, Pfingsten M (Hrsg): Lendenwirbelsäule. Ursachen, Diagnostik und Therapie von Rückenschmerzen. München: Urban und Fischer (2004).

Holmes MD, Chen WY, Feskanich D, et al: Physical act vity and Survival after Breast Cancer Diagnosis. The Journal of the American Medical Association. 293, 20: 2479-2486 (2005).
Horstmann T, Heitkamp HC, Haupt G, et al: Möglichkeiten und Grenzen der Sporttherapie bei Coxarthrose- und Hüft-endoprothesen-Patienten. Deutsche Zeitschrift für Sportmedizin, 52, 10: 274-278 (2001).
Jolliffe JA, Rees K, Taylor RS, et al: Exercise-based rehabilitation for coronary heart disease. Cochrane Database of Systematic Reviews. CD001800 (2001).
Katzmarzyk PT, Leon AS, Wilmore JH, et al: Targeting the Metabolic Syndrome with exercise: Evidence from the HERITAGE Family Study. Medicine and Science in Sports and Exercise. 35, 10: 1703-1709 (2003).
Kiechle-Bahat M: Mammakarzinom. In: Halle M, Berg A, Hambrecht R, Schmidt-Trucksäß A (Hrsg.): Sporttherapie in der Medizin. Stuttgart: Schattauer (2008)
König D, Berg A, Halle M: Diabetes Mellitus Typ II. In: Halle M, Berg A, Hambrecht R, Schmidt-Trucksäß A (Hrsg.): Sporttherapie in der Medizin. Stuttgart: Schattauer (2008)
Kriketos AD, SharpTA, Seagle HM, et al: Effets of aerobic fitness on fat oxidation and body fatness. Medicine and Science in Sports and Exercise. 32, 4: 805-811 (2000).
Leon AS, Rice T, Mandel S, et al: Blood lipid response to 20 weeks of supervised exercise in a large biracial population: the HERITAGE Family Study. Metabolism. 49, 4: 513-520 (2000).
Linke A, Hambrecht R: Koronare Herzkrankheit. In: Halle M, Berg A, Hambrecht R, Schmidt-Trucksäß A (Hrsg.): Sporttherapie in der Medizin. Stuttgart: Schattauer (2008)
Lücking FB, Halle M, Schmid RM: Kolorektales Karzinom. In: Halle M, Berg A, Hambrecht R, Schmidt-Trucksäß A (Hrsg.):Sporttherapie in der Medizin. Stuttgart: Schattauer (2008)
Lühmann D.: Prävention von Rückenschmerz – Grundlagen und mögliche Interventionsstrategien. Bewegungstherapie und Gesundheitssport. 21, 4: 138-145 (2005).
Meyerhardt J, Edward J: Physical Activity and Survival after Colorectal Cancer Diagnosis. Journal of Clinical Oncology. 24, 22 (2006).
Mittermaier R, Bartl R: Stabile Knochen – Mobiles Leben. Knaur. München (2005).
Pfingsten M. Bio-psycho-soziale Einflussfaktoren bei Rückenschmerzen und Konsequenzen für die Bewegungstherapie. Bewegungstherapie und Gesundheitssport. Jg. 21. Heft 04: 152-158 (2005).
Predl HG, Schramm T: Arterielle Hypertonie. In: Halle M, Berg A, Hambrecht R, Schmidt-Trucksäß A (Hrsg.): Sporttherapie in der Medizin. Stuttgart: Schattauer (2008)
Reimers CD, Broocks A (Hrsg.): Neurologie, Psychiatrie und Sport. Thieme Verlag, Stuttgart-New York (2003).
Rost R: Sport- und Bewegungstherapie bei inneren Krankheiten. Deutscher Ärzte-Verlag, Köln (2001).
Romijn JA, Coyle EF, Sidossis LS, et al: Substrate metabolism during different exercise intensities in endurance-trained women. J Appl Physiol. 88: 1707-1714 (2000).
Sandmann GH, Imhoff AB: Knorpelschaden. In: Halle M, Berg A, Hambrecht R, Schmidt-Trucksäß A (Hrsg.): Sporttherapie in der Medizin. Stuttgart: Schattauer (2008)
Schlicht D, Schuhmann-Schmid B: Zur Effektivität der Sporttherapie bei Erwachsenen mit Adipositas. Bewegungstherapie und Gesundheitssport. 23, 3: 105-113 (2007).
Schüle K: Zum aktuellen Stand von Bewegungstherapie und Krebs. Bewegungstherapie und Gesundheitssport. 22: 170-175 (2006).
Siegrist M, Lammel C, Gradinger R: Osteoporose. In: Halle M, Berg A, Hambrecht R, Schmidt-Trucksäß A (Hrsg.): Sporttherapie in der Medizin. Stuttgart: Schattauer (2008)
Sigal JS, Kenny GP, Boule' NG, et al: Effects of Aerobic Training, Resistance Training, or Both on Glycemic Control in Type 2 Diabetes. Annals of Internal Medicine. 147: 357-369 (2007).
Sinaki M, Itoi E, Wahner HW: Stronger Back Muscles Reduce the Incidence of vertebral Fractures: A Prospective Follow-up of Postmenopausal Women. Bone. 30: 836-841 (2002).
Skinner JS: Körperliche Aktivität und Gesundheit: Welche Bedeutung hat die Trainingsintensität? Deutsche Zeitschrift für Sportmedizin 52:211-214 (2001).
Stewart KJ: Exercise Training and the Cardiovascular Consequences of Type 2 Diabetes and Hypertension. The Journal of the American Medical Association. 288: 1622-1631 (2002).
Tanasescu M, Leitzmann M, Rimm E, et al: Exercise Type and Intensity in Relation to Coronary Heart Disease in Men. The Journal of the American Medical Association. 288, No.16: 1994-2000 (2002).
Whelton SP, Chin A, Xin J: Effect of aerobic exercise on blood pressure: A meta-analysis of randomized, controlled trials. Ann. Int. Med. 136:493-503 (2002).
Zimmer P: Körperliche Mehrarbeit bei IGT und Typ 2 Diabetes – Effektiv, aber noch zu wenig genutzt. MMW-Fortschr. Med. 145, 47: 947-950 (2003).
Zimmer P, Kemmer FW: Diabetes Mellitus Typ I. In: Halle M, Berg A, Hambrecht R, Schmidt-Trucksäß A (Hrsg.): Sporttherapie in der Medizin. Stuttgart: Schattauer (2008)

OMRON
MEDICAL
WELLNESS
Gesundheitsvorsorge
Alles in Balance?
Körperliche Balance ist der wichtigste Faktor für Gesundheit und Fitness. Lassen Sie Ihren Körper nicht aus dem Gleichgewicht kommen. Geprüfte Medizintechnik hilft Ihnen dabei, die innere Balance medizinisch sinnvoll zu kontrollieren und zu fördern.
AUSGEZEICHNET!
Gesundheitsvorsorge
mit Prüfsiegel
KÖRPERANALYSE • BLUTDRUCK • BEWEGUNG
Die Medical Wellness-ausgezeichneten Geräte erhalten Sie in Apotheken und im autorisierten medizinischen Fachhandel.
A Good Sense of Health
www.omron-medizintechnik.de
www.omron-medizintechnik.at

Kräftigungsprogramm für Fortgeschrittene und Könner

Übung 1: **Einbeinige Kniebeuge**

Übung 2: **»Kraulen«**

Übung 3: **Liegestütz**